JN418751

위대한 복음의 밀수꾼

브라더 앤드류

Behind Enemy Lines

Published by Christian Focus Publications,
Geanies House, Fearn, Tain, Ross-shire, IV20 1TW, Scotland, U.K.

Korean Edition

8-1, Cheongnyongmaeul-gil, Seocho-gu, Seoul, Korea

위대한 복음의 밀수꾼

브라더 앤드류

낸시 드러먼드 지음 | 황민솔 옮김

묵상하는사람들
프리셉트

예수께서 그들을 보시며 이르시되
사람으로는 할 수 없으되
하나님으로는 그렇지 아니하니
하나님으로서는 다 하실 수 있느니라

마가복음 10:27

차례

1. 악동 앤드류

앤드류 반 데르 비즐Andrew van der Bijl은 네덜란드의 작은 마을 위테Witte에서 태어나고 자랐다. 그는 위테 지역에서 알아주는 장난꾸러기이자 소문난 악동이었다. 그렇다고 해서 누군가를 해코지할 정도로 나쁜 마음을 먹은 소년은 아니었지만, 앤드류는 끊임없이 뭔가 장난칠 만한 일이 없는지 매일 찾아다니며 작고 조용한 마을을 뒤흔들어 놓곤 했다. 왜냐하면 어린 앤드류는 스파이나 비밀 요원처럼 세상을 마음껏 누비며 모험을 하는 위대한 영웅이 되기를 간절히 꿈꿨기 때문이다. 그래서 어린 소년은 위테 마을 구석구석을 탐험하면서 자신만의 비밀 작전을 계획하고 실행에 옮기곤 했다.

****

어느 날, 앤드류에게 놓칠 수 없는 절호의 기회가 찾아왔다. 이웃집에 사는 웨스트라Whetstra 아주머니는 아무것도 모른 채 부엌에서 즐겁게 찬송가를 흥얼거리며 쿠키 반죽을 오븐 안에 넣고 있었다. 부엌 바깥쪽 벽에는 웨스트라 아저씨가 새로 맞춰다 놓은 큰 창문틀이 비스듬히 세워져 있었다. 그 모습을 본 순간, 앤드류의 심장이 빠르게 요동쳤다. 앤드류는 이번에야말로 위테 마을에서 가장 신실한 그리스도인으로 소문난 웨스트라 아저씨와 아주머니의 진짜 모습을 밝히 드러낼 수 있다고 생각했다.

앤드류는 아저씨 집 근처에 있는 낡은 수레 뒤에 숨어서 집 안 상황을 살펴보며, 신고 있던 낡은 나막신을 벗어들었다. 그리고 몸을 낮춘 채 재빨리 웨스트라 아저씨 집으로 달려갔다. 앤드류는 부엌 바깥쪽에 있던 새 창문틀을 어깨에 둘러메고 아저씨 집 지붕으로 연결된 사다리를 향해 돌진했다. 그다음 살금살금 사다리를 타고 올라가 굴뚝 입구 한가운데를 새 창문틀로 막아 버렸다. 이후 빠른 속도로 다시 내려와 한달음에 낡은 수레 뒤로 몸을 숨겼다.

얼마 지나지 않아, 앤드류는 이 모든 작전이 대성공했음을 알 수 있었다. 웨스트라 아주머니가 연기로 가득한 부엌에서 뛰어다니는 모습이 보였기 때문이다. 아주머니는 연기 때문에 기침을 하기 시작했고, 연기를 밖으로 내보내기 위해 앞치마로 연신 부채질을 했다.

"필립Phillip! 필립! 얼른 좀 이리로 와 봐요!"

아주머니는 오븐을 열며, 아저씨를 다급하게 불렀다. 오븐에서는 연기가 쉴 새 없이 뿜어져 나오고 있었다.

"아이고, 이게 대체 무슨 난리람! 내가 지붕 위로 올라가서 굴뚝을 한번 보겠소."

놀라서 달려온 아저씨는 얼른 밖으로 나갔다. 아주머니는 매운 연기 때문에 눈에 눈물이 맺힐 지경이었다.

앤드류는 숨어서 이 모습을 모두 지켜보고 있었다. 그리고 웨스트라 아저씨와 아주머니가 잔뜩 화가 난 목소리로 크게 소리 지르는 모습을 기대했다. 하지만 아저씨와 아주머니의 모습은 그리 화가 난 것처럼 보이지는 않았다. 앤드류는 이런 결과가 실망스러웠지만 조금 더 기다려 보기로 했다.

그리고 마침내 앤드류는 자신이 굴뚝 위를 막아 놓은 창문틀을 발견하고 경악스러운 표정을 짓는 아저씨의 얼굴을 볼 수 있었다. 앤드류는 늘 인자한 표정을 짓던 아저씨의 그런 모습만으로도 충분히 만족할 수 있었다.

웨스트라 아저씨는 서둘러 굴뚝을 막은 창문틀을 들고 내려오면서 마당을 쓱 둘러봤다. 앤드류는 놀라서 수레 밑으로 바짝 몸을 숙였다. 창문틀을 들고 조심스럽게 내려온 아저씨는 다시 한번 마당 쪽을 훑어봤다. 그리고 아저씨의 시선이 앤드류가 몸을 숨기고 있는 수레 쪽에 닿았다. 앤드류는 아저씨에게 들킬까 봐 심장이 멎을 것만 같았다. 결국 굴뚝을 창문틀로 막아버린 범인을 찾지 못한 아저씨는 고개를 절레절레 흔들며 한숨을 크게 내쉬었다. 그리고는 아주머니를 안심시키며 집 안으로 들어갔다.

앤드류는 낡은 수레 뒤에서 혼자 조용히 미소를 지었다.

"이번 작전도 대성공이었어."

****

때로는 앤드류의 이런 무모한 장난이 감당할 수 없는 사고로 이어지기도 했다. 위테에서는 아이들끼리 클롬펜이라는 나무 신발로 전쟁놀이를 하는 것이 일상이었다. 하루는

놀다가 친구 키즈Kees의 이마를 클롬펜으로 내리치게 됐다. 너무 세게 부딪힌 나머지 앤드류의 신발이 부러지고 말았다. 키즈와 앤드류는 멍하니 망가져 버린 신발을 쳐다봤다.

“이걸 보면 너희 아빠가 뭐라고 하실까?”

키즈의 물음에 천하의 장난꾸러기 앤드류도 선뜻 대답하지 못했다. 앤드류의 아버지는 집에서 6km 떨어진 마을에서 대장장이로 일을 했다. 아버지는 새벽같이 일어나서 온종일 힘들게 일하고 늦은 밤이나 되어서야 돌아왔다. 새로운 신발을 살 형편도 아니었고, 신발을 고쳐 줄 시간은 더욱이 없었다.

“글쎄, 너희 엄마가 네 이마의 상처를 보고 하실 잔소리에 비하면 아무것도 아니지!”

앤드류는 애써 밝은 목소리로 키즈를 놀렸다. 키즈는 이마에 난 큰 혹을 만져 보고 눈을 찡긋해 보였다. 둘은 서로를 보며 웃음을 터뜨렸다.

하지만 앤드류는 실망할 아버지를 생각하니 집으로 돌아가는 발걸음이 무거워져 갔다. 결국 앤드류는 한껏 풀이 죽은 채, 부러진 신발을 손에 쥐고 맨발로 아버지를 마주해야 했다.

"아빠, 제가 신발을 망가뜨렸어요."

앤드류는 조용히 실수를 고백했다.

"뭐라고? 앤드류, 조심 좀 하지 그랬니!"

아버지는 쩌렁쩌렁한 목소리로 앤드류를 꾸짖은 후 낡은 램프를 켜 놓고 늦은 밤까지 신발을 고쳐 줬다. 밤늦게까지 고생하시는 아버지를 보니, 앤드류는 살짝 후회가 됐다. 그러나 얼마 지나지 않아, 앤드류는 새로운 장난을 찾아냈다.

****

앤드류의 형 벤Ben은 돈을 벌기 위해 열심히 일했다. 학교가 끝난 후는 물론이고, 주말까지도 여러 가지 일을 했다. 하지만 앤드류의 상상 속에서 형은 마치 어떤 외국 정부를 위해 일하는, 어느 상류층 출신의 비밀 요원처럼 여겨졌다. 그날 오후도 앤드류의 상상력이 발휘됐다. 형이 일하러 나간 틈을 타 앤드류는 형의 다락방에 숨어들었다.

앤드류는 상상 속의 모든 보안 경계를 요리조리 피해, 형의 돼지저금통을 찾아냈다. 그리고 살살 흔들어 동전을 빼냈다. 모두 25센트 정도가 됐다. 저금통에서 빼낸 동전으로 주머니를 두둑하게 채운 앤드류는 다시 저금통을 원래 위치에 두고서 다락방을 빠져나왔다.

그런데 동전을 만지작거리던 앤드류에게 문득 고민거리가 생겼다. 어린 소년에게 25센트는 꽤 큰돈이었다. 그는 당장 돈을 들고 가게로 달려가 사탕을 잔뜩 사 먹고 싶었다. 하지만 가게 아저씨는 분명 앤드류에게 그 큰돈이 어디서 생겼는지 물어볼 것이 뻔했다. 그동안의 노력이 헛수고가 될지도 모를 일이었다. 이내, 앤드류는 기발한 생각을 해냈다.

앤드류는 다음 날 학교에 가서 미클Meekle 선생님께 조심스레 돈을 꺼내 보이며 말했다.

"선생님, 길에서 이걸 주웠어요. 제가 가져도 되는 걸까요?"

선생님은 놀라서 눈을 휘둥그레 뜨고 고민에 잠겼다.

"이건 너무 큰돈인걸. 정말 누구 돈인지 모르니?"

앤드류는 침을 꿀꺽 삼키며 대답했다.

"네 선생님, 학교 오는 길에 주웠는걸요."

"그러면 경찰에 신고하면 되겠구나. 경찰 아저씨가 분명 주인을 찾아 주실 거야."

앤드류는 순간 심장이 덜컹 내려앉았다. 경찰은 앤드류가 범인임을 알아챌 것이다. 그러나 이미 선생님께 말씀드린 이상 별다른 수가 없었다. 앤드류는 떨리는 마음을 안고 경찰서로 향했다.

경찰은 앤드류의 이야기를 듣고는 다시 물었다.

"어떻게 돈을 찾았는지 다시 설명해 주겠니?"

"길에서 주웠다니까요."

"정말 이 돈이 누구 돈인지는 모르고?"

"네, 몰라요."

경찰은 안경 너머로 앤드류를 찬찬히 살펴보더니, 책상 서랍을 열어 무언가를 꺼냈다. 하얀 봉투였다.

“그 돈을 이 봉투에 넣고, 네 이름을 쓰거라. 1년 동안 아무도 이 돈을 찾으러 오지 않는다면, 이 돈은 네 거다.”

시간이 흘러 1년 뒤가 됐다. 앤드류는 드디어 그 돈을 찾아서 가게에 당당하게 갈 수 있었다. 형은 없어진 돈에 대해 아무런 말도 하지 않았고, 그 누구도 봉투에 든 돈을 찾으러 경찰서에 오지 않았기 때문이다. 앤드류는 경찰에 잡히지 않고도 기나긴 모험의 여정을 무사히 마친 것이다.

****

앤드류는 심한 장난을 치고도 빠져나갈 구멍을 찾는 데 선수였다. 앤드류의 가족들은 주일 아침마다 교회로 예배를 드리러 갔다. 가족들은 늘 예배당 앞줄에 함께 앉았는데, 예배당 의자에 앤드류 가족들이 모두 앉을 수는 없었다.

이를 알고 있던 앤드류는 교회에 갈 때마다 일부러 다른 가족들보다 천천히 걸어갔다. 그래야 예배당에 도착했을 때 가족 중 예배당 의자에 제일 마지막으로 앉을 수 있었기 때문이다.

마지막으로 도착한 앤드류는 마치 착한 아들처럼 가족들에게 자리를 양보하고 예배당 뒤쪽으로 가서 앉았다. 그리고 예배가 시작되면 아무도 모르게 슬쩍 교회를 빠져나올 수 있었다.

여름에는 들판에서 따사로운 햇살을 만끽했고, 겨울에는 꽁꽁 언 호수에서 스케이트를 탔다. 위테 사람 대부분이 예배를 드리는 시간이었기에, 앤드류를 혼내는 사람은 아무도 없었다.

앤드류는 예배가 끝나는 시간을 정확히 알았다. 예배가 끝날 즈음에는 교회로 돌아와 목사님이 다른 성도분들과 인사 나누는 내용에 귀 기울였다. 그렇게 앤드류는 그날의 설교 내용을 대충 파악했다. 그래서 주일 저녁에 가족들이 모여 설교 말씀에 대해 나눌 때, 앤드류는 이마저도 감쪽같이 속일 수 있었다.

앤드류는 그렇게 거짓말을 하면서 보다 편안한 삶을 살아갔다. 하지만 그 거짓된 삶은 점점 흔들리고 있었고, 평온해 보이던 일상도 오래갈 수 없었다.

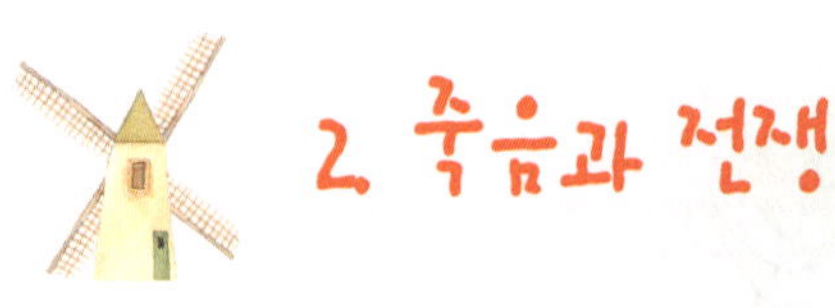

2. 죽음과 전쟁

앤드류네에는 늘 집안일이 넘쳐났다. 어릴 때부터 앤드류는 감자 깎는 일, 구두 닦는 일 등을 도왔다. 그의 가족들은 여가를 즐길 시간도 없이 늘 일만 했다. 그런데도 형편은 넉넉하지 않았기에 검소한 삶을 살아야 했다.

가족들 중 유일하게 일하지 않아도 되는 사람은 집안의 장남인 바스Bas 형뿐이었다. 앤드류보다 6살이나 많았지만, 형은 어린아이 같았다. 형은 말로 표현하는 데 어려움이 있었지만, 음악에는 소질이 있었다. 가족들과 저녁 식사가 끝나면, 형은 오르간을 치며 누구도 따라 할 수 없는 아름다운 노래를 불렀다.

그러던 어느 날, 형이 시름시름 앓기 시작했다. 의사는 그가 결핵이라고 했다. 당시 결핵은 전염되기도 쉽고, 많은 사람의 목숨을 앗아가는 무서운 병이었다.

어머니는 다른 가족들에게 결핵이 옮을까 봐 아무도 형 방에 들어갈 수 없게 했다. 1939년 5월, 앤드류의 열한 번째 생일이 며칠 지났을 즈음에 앤드류는 어머니 몰래 바스 형 방에 들어가 울면서 기도했다.

"하나님, 제발 바스 형을 데려가지 마세요. 제가 이렇게 기도할게요. 만일 형을 데려가실 거면 저도 데려가세요."

기도를 마친 앤드류는 형의 얼굴에 입을 맞췄다. 어쩌면 결핵이 옮을지도 모르는 일이었다. 그해 7월, 바스 형은 결국 세상을 떠났다. 앤드류는 결핵이 걸리기는커녕 건강하기만 했다. 그는 하나님께서 자신을 버린 것만 같았다.

하지만 형을 떠나보내며 슬퍼할 시간은 그리 오래 허락되지 않았다. 두 달 후인 1939년 9월, 네덜란드 정부는 독일에서 점점 세력을 확장하는 나치 권력에 대항하기 위해 병력을 동원하고 있었다.

****

앤드류는 때때로 바스 형이 머물러 있던 곳을 서성이거나,

웨스트라 아저씨 집 근처를 배회했다. 얼마 전까지만 해도 웨스트라 아저씨 집은 여기저기 앤드류의 장난으로 얼룩져 있었다. 그러나 이제 아저씨 집은 전쟁으로 어수선한 위테에서 앤드류에게 평안을 주는 유일한 장소가 됐다.

"안녕, 앤드류."

"안녕하세요, 아주머니."

웨스트라 아주머니는 창밖으로 앤드류가 보일 때마다 반갑게 인사를 했다. 또 맛있는 쿠키를 주는 것도 잊지 않았다.

"앤드류, 너는 참 좋은 아이란다."

아주머니는 쿠키를 집어 먹는 앤드류의 머리를 쓰다듬었다. 하지만 앤드류의 마음은 그리 편하지는 않았다. 몇 년 전에 앤드류가 창문틀로 굴뚝을 막아 버린 사건이 떠올랐기 때문이다.

때마침 집에 있던 아저씨가 밖으로 나왔다. 앤드류는 자신도 모르게 쿠키를 조용히 내려놓았다.

"앤드류, 오늘은 산책하면서 무슨 새로운 일이 없었니?"

"네, 없었어요."

아저씨의 물음에 앤드류는 안절부절못하며 겨우 답했다.

"그들이 곧 올 거야, 앤드류. 그들은 악한 마음으로 우리 땅을 짓밟으면서 오겠지."

아저씨는 저 멀리 보이는 수평선을 바라보며 말했다.

"그렇겠죠."

"나라를 위해 기도하고 있니, 앤드류?"

아저씨는 다시 앤드류에게로 눈을 돌렸다.

"그럼요."

"잘하고 있구나. 우리에게는 많은 기도가 필요할 것 같구나."

아저씨는 한숨을 내쉬고서는 앤드류의 머리를 쓰다듬었다.

"자, 우리 착한 앤드류. 가던 길, 마저 가렴."

앤드류는 쿠키를 소중하게 꼭 쥐고 재빨리 돌아서서 걷기 시작했다. 그런데 뒤에서 아저씨의 목소리가 다시 들려왔다.

"쿠키 잘 챙겨 먹어라, 앤드류! 우리 집 오븐은 이제 연기가 피어오르지 않거든! 맛이 나쁘지 않을 거야!"

앤드류는 그 말에 너무 놀라서 휙 뒤돌아봤다. 아저씨는 살짝 윙크해 보이고, 앤드류의 당황한 얼굴이 재밌다는 듯 크게 웃었다. 웨스트라 아저씨와 아주머니는 모든 사실을 알고도 오랜 시간 동안 모른 척해 온 것이었다.

어째서 앤드류의 짓궂은 장난을 아버지에게 말하지 않았을까? 아저씨는 왜 자기에게 네덜란드를 위해 기도해야 한다고 했을까? 하나님은 이 작은 마을에 사는 꼬마 악동의 기도 따위에는 관심도 없을 텐데 말이다. 바스 형의 죽음이 그 명백한 증거가 아닌가?

****

1940년 5월 10일, 독일군은 전차로 밀고 들어오는 대신 어두운 밤하늘에 폭격을 퍼부으며 위테를 점령했다. 앤드류의 열두 번째 생일이 되기 바로 전날이었다. 앤드류의 가족들은 서로를 감싸 안고 하얗게 밤을 지새웠다. 마을 근처에 떨어지는 폭탄들은 앤드류가 살던 마을의 흔적들을 지워나갔다. 그리고 앤드류의 생일도 함께 지워졌다. 얼마 지나지 않아, 네덜란드 정부는 결국 독일에 항복하고 말았다.

여름이 다가오자 도시마다 먹을 식량이 부족해졌다. 다행히 위테에는 아직까지 텃밭에서 수확한 먹을거리가 조금 남아 있었다. 어느 날 아침, 앤드류는 바구니에 양배추와 토마토를 가득 싣고서 알크마르Alkmaar라는 도시로 향했다. 시내로 들어서자마자, 앤드류는 작은 가게 앞에 멈춰 섰다.

"아저씨, 채소를 조금 가져왔는데 필요하신가요?"

주인 아저씨는 앤드류가 들고 있는 큰 채소 바구니를 보고 눈이 휘둥그레졌다.

"얼마를 주면 되겠니?"

"돈은 필요 없어요."

앤드류는 목소리를 낮추고 고개를 숙이며 말을 이었다.

"그런데 아저씨 가게에 폭죽이 있다고 들었어요. 그거랑 바꿔 주실 수 있나요?"

"물론이지."

앤드류는 바구니 가득 담아온 양배추와 토마토를 가게에 내려놓고, 빈 바구니를 폭죽으로 가득 채워 넣었다. 폭죽을 가리기 위해 바구니 위로 꽃들을 펼쳐 이불처럼 덮었다.

"감사합니다, 아저씨."

"잠깐 기다리렴. 이것도 갖고 가거라."

돌아서는 앤드류에게 주인 아저씨는 계산대 밑에서 엄청나게 큰 체리 모양의 폭탄 하나를 꺼내 줬다. 얼굴 가득 미소를 띤 앤드류는 주인 아저씨에게 감사 인사를 한 후 집으로 내달렸다. 앤드류는 자신만의 비밀 작전에 대한 기대감으로 그 어느 때보다 심장이 빨리 뛰는 것을 느꼈다.

그날 밤, 앤드류는 집에서 몰래 빠져나와 순찰을 도는 군인들을 요리조리 피해 다니며, 독일군 중대장이 지내고 있는 집으로 숨어들었다. 중대장은 위테에서 가장 큰 집을 차지하고 있었다. 앤드류는 조심스레 가게 아저씨에게 받은 체리 폭탄을 중대장 집 현관 앞에 두고 기다렸다. 그리고는 독일군 순찰병들이 그 앞을 지나가는 순간, 도화선에 불을 붙이고서는 쏜살같이 도망갔다.

“거기 서!”

군인들은 어둠 속으로 총을 겨누고 소리치며 경고했다. 하지만 앤드류는 어둠 속에서 몰래 피해 다니며 달아났다. 때마침 큰 소리와 함께 설치해 둔 폭탄이 터졌다. 군인들은 폭발음이 들리는 쪽으로 황급히 눈을 돌렸다. 그 순간 앤드류는 근처에 있던 양배추 밭으로 재빨리 몸을 피했다.

이 작전을 성공한 뒤, 자신감을 얻은 앤드류는 훤한 대낮에도 독일군에게 공격을 퍼부었다. 지나가는 군인들에게 폭죽을 던졌고, 때로는 도망치다 붙잡힐 뻔하기도 했다. 하지만 네덜란드에 주둔해 있는 독일군은 사람들을 더 거칠게 대했다. 점점 앤드류의 작은 반항도 무의미해졌다. 이제 독일군은 네덜란드의 청년들을 전쟁이나 노역에 동원하기 시작했고, 청년들은 이를 피해 숨어다녀야만 했다.

앤드류도 나이가 들면서 더 이상 안전하지 않게 됐다. 앤드류가 14살이 됐을 때, 그도 다른 소년들처럼 군인 트럭이 동네를 지나갈 때마다 숨어 다녔다. 식량도 점차 부족하기 시작해 마을 사람들은 점점 굶주려 갔다. 이렇게 5년이라는 길고 험난한 시간이 흘렀다. 마침내 독일군이 네덜란드에서 물러나게 됐다. 앤드류는 이때 다시는 그 누구에게도 고개를 숙이지 않겠다고 굳게 다짐했다.

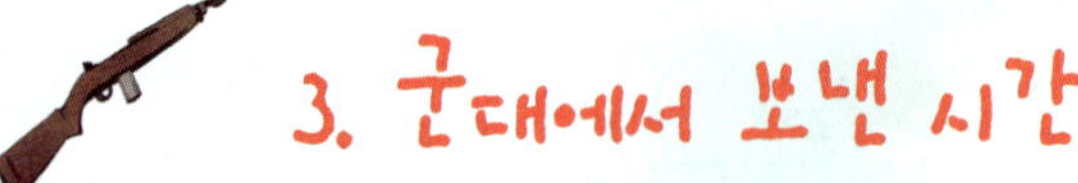

3. 군대에서 보낸 시간

1945년의 무더운 여름, 17살이 된 앤드류는 별다른 인생의 계획이나 목표 없이 위테의 평화로운 시간을 만끽하며 지내고 있었다. 그러던 어느 날, 여동생 젤처Geltje가 앤드류 방으로 왔다.

"아빠가 오빠 좀 보자고 하셔. 정원에 계시니까 가 봐."

"응, 알았어."

"근데 아빠 기분이 별로 안 좋아 보이셔."

젤처의 경고 섞인 말에 앤드류는 눈동자를 굴리며 잠시 생각했다. 아버지가 무슨 말을 할지 이미 알 것만 같았다. 서서히 긴장감이 몰려왔다. 아버지는 양배추들 사이에 난 잡초를 익숙한 손길로 뽑아내고 있었다.

"저 왔어요, 아빠."

아버지는 굽혀 있던 등을 피며 손을 턴 후 앤드류를 향해 눈을 가늘게 떴다.

"앤드류, 넌 이제 어린아이가 아니다."

"네, 아빠."

아버지의 따가운 시선에 앤드류는 몸을 배배 꼬았다.

"앞으로 뭘 할 계획이니? 네 인생에 대한 계획이 있니?"

앤드류는 집 옆의 큰 길가를 슬쩍 살펴봤다. 지나가던 사람들에게 아버지의 잔소리가 들릴 것 같았다. 아버지는 앤드류에게 왜 그동안 배운 대장간 일이나 기계 다루는 일을 하지 않으려 하는지 물었다. 앤드류는 딱히 좋은 핑곗거리가 떠오르지 않았다. 결국 아버지는 크게 한숨을 내쉬었다.

"앤드류, 네가 앞으로 어떤 일을 하며 살아갈 건지 잘 생각해 봐야 한다. 올해 안으로 무슨 일이든지 찾아서 해라."

아버지의 엄한 목소리를 끝으로 앤드류는 조용히 발걸음을 옮겨 방으로 들어왔다. 앤드류도 아직 자신이 어떤 일을 하고 싶은지 알 수가 없었다. 하지만 아버지와 할아버지처럼 이 좁아터진 마을에서 그저 그런 일이나 하며 살고 싶지 않은 것은 분명했다. 앤드류는 뭔가 더 크고 의미 있으면서도 신나는 모험으로 자신의 삶을 채우고 싶었다. 하지만 앤드류에게는 그럴 만한 지식과 경험이 전혀 없었다. 고작 초등 교육을 받은 것이 전부였다.

앤드류는 집 밖으로 나왔다. 그리고 넓은 수로를 따라 난 도로를 내달리기 시작했다. 그러자 거미줄처럼 엉켜버린 생각들이 조금씩 정리가 되는 것 같았다. 알크마르를 지나쳐 8km 정도 되는 먼 거리를 그렇게 달리고 나니, 한 가지 계획이 머릿속에 떠올랐다.

****

그날 저녁, 가족들이 거실에 모여 앉아 있을 때였다. 앤드류는 깊게 숨을 들이마신 뒤 자신의 결정을 털어놓았다.

"저 군인이 될래요."

앤드류의 폭탄선언에 어머니는 놀라서 가쁜 숨을 들이켰고, 아버지는 기뻐했다. 앤드류는 그다음 주에 바로 암스테르담Amsterdam에 가서 입대 지원서를 냈다. 하지만 군대에 지원하려면 18살 이상이 돼야만 했다. 당시 17살이던 앤드류는 아직 나이가 어려서 군대에 갈 수 없었다. 결국 앤드류는 1년 후에 다시 지원했고 네덜란드의 정식 군인이 됐다.

앤드류는 위테로 돌아가 잠시 머무른 뒤, 기본적인 훈련부터 받도록 발령받았다. 앤드류는 그 어느 때보다도 열심히 훈련에 참가했다. 훈련을 받는 매 순간이 너무나 즐거웠다. 앤드류가 오랫동안 원하고 찾던 모험의 세계가 마침내 펼쳐진 것만 같았다. 주말이 되면, 고르쿰Gorkum시 근처의 여러 교회들을 찾았다. 설교 듣는 시간만 참아내면, 친절한 성도들이 대접해 주는 맛있는 저녁 식사를 즐길 수 있었다.

그러던 어느 날, 한 교회에서 싸일Thile이라는 아름다운 여성을 만났다. 앤드류는 싸일의 검은 머리카락과 흰 피부, 빛나는 눈동자에 사로잡혔다. 예배가 끝나고 교회를 빠져나올 때, 싸일은 앤드류를 저녁 식사에 초대했다. 저녁 식사가 끝나고 헤어질 시간이 되자, 싸일은 앤드류에게 편지를 쓰겠다고 약속했다. 앤드류는 그녀가 자신의 인생에서 아주 중요한 사람이 될 것 같은 예감이 들었다.

****

1946년 11월, 앤드류는 인도네시아Indonesia로 발령을 받았다. 싸일은 물론, 위테의 친구와 가족들과도 작별 인사를 해야만 했다. 앤드류는 자랑스럽게 군복을 입고 마을을 돌아다니며 인사했다. 남자들은 환호해 줬고, 여자들은 미소를 지으며 인사해 줬다. 어린아이들은 춤을 추며 주위를 맴돌았다. 앤드류는 그 어느 때보다 당당하게 고개를 높이 들고 어깨를 폈다.

작지만 포근한 집에 들어서니, 형제들은 앤드류에게 이것저것 질문을 퍼부었다. 아버지는 자랑스러우면서도 한편으로는 걱정하는 마음에 힘껏 껴안았다. 어머니는 아무 말 없이 앤드류의 손을 잡고 그를 부엌으로 데리고 갔다.

"앤드류, 이걸 꼭 지니고 가렴."

어머니는 낡은 성경책 하나를 꺼내 줬다.

"네, 엄마."

어머니는 앤드류의 얼굴을 두 손으로 감싼 채 눈을 찬찬히 들여다봤다.

"이 성경책을 잘 읽겠다고 엄마와 약속해 주렴. 그 안에는 네가 행복한 삶을 살아가는 데 필요한 모든 답이 있단다. 엄마와 약속할 거지?"

"네, 그럼요."

어머니의 시선이 부담스러웠던 앤드류는 몸을 살짝 비틀며 대답했다. 어머니는 잠시 앤드류를 바라본 후 이내 두 팔 가득 힘차게 꼭 끌어안았다.

****

네덜란드를 떠난 앤드류는 1946년 말 성탄절을 몇 주 앞두고 인도네시아에 도착했다. 앤드류와 몇몇 군인들은 외딴섬에 따로 떨어져 땡볕에서 하루 종일 특수부대 훈련을 받았다. 하천 물길 건너기, 암벽 타기, 빗발치는 총알 세례를 피해 엎드려 포복하기와 같은 고된 훈련들이 이어졌다. 훈련은 어렵고 힘들었지만, 앤드류는 전쟁에 필요한 기술들을 배우는 것이 즐거웠다. 그리고 언제든 전쟁에 뛰어들 수 있을 것만 같았다.

몇 달간의 집중 훈련 후, 앤드류는 최전방 전선에 배치됐다. 그때부터 앤드류의 악몽이 시작했다. 모험이 가득할 것만 같던 전쟁은 환상에 불과했다. 전쟁을 겪을수록 고통과 슬픔, 어둠과 죽음이 그를 둘러싸고 있었다. 앤드류의 마음은 두려움과 분노로 병들어 가고 있었다. 아무 죄 없는 사람들이 나이를 불문하고 죽어 나갔다. 매일 밤 꿈속에 죽은 사람들의 모습과 전쟁의 참혹한 풍경이 펼쳐지며 앤드류를 괴롭혔다. 앤드류가 꿈꾸던 모험의 세계는 결코 이런 모습이 아니었다.

그렇게 2년이 흐르며 앤드류는 용감한 전사로 유명세를 떨치게 됐다. 하지만 앤드류의 그 용맹함은 전쟁의 미치광이가 되어 가는 그 경계선 언저리에 있었다. 앤드류는 죽기 살기로 전쟁에 임했다. 어디에서도 눈에 쉽게 띄는 노란색 띠를 자신의 모자에 두르고 전쟁터를 누볐다. 적들이 자신을 향해 총을 쏘는 것 따위는 두려워하지 않았다. 전쟁터 밖에서도 앤드류는 점점 나쁜 길로 들어섰다. 작전에 참가하지 않을 때는 술을 잔뜩 마시고 취한 채 주변 동료들과 싸움을 일으키곤 했다. 어머니가 손에 쥐여 줬던 성경책은 가방 속 깊숙이 넣어진 채 잊혀져 갔다.

희망을 잃고 외로워진 앤드류는 자신의 고통과 혼란스러운 마음을 길게 적은 편지를 몇몇 친구들에게 보냈다. 그들은 좋은 말과 글귀들을 담아 답장을 해 줬지만, 그 어떤 것도 앤드류에게 위로가 되지 않았다. 다만, 싸일의 편지만큼은 앤드류의 마음에 와닿는 듯했다. 싸일은 앤드류에게 그동안 지은 죄를 회개하고 용서를 구하라는 진심 어린 충고를 해 줬다. 그녀의 말들은 앤드류의 마음속 어딘가에 희망의 불씨를 지피는 것만 같았다. 하지만 잔인한 현실을 다시 마주하면 그 작은 희망도 사라졌다. 지독한 외로움은 앤드류의 영혼을 다시 집어삼켰다.

****

어느 날 오후, 부대 동료가 편지를 한 통 전해 줬다. 앤드류는 침대에 누워 편지를 열었다. 가족들로부터 편지를 받은 것은 꽤나 오랜만이었다. 앤드류는 가족들의 소식이 너무나도 궁금했다. 그러나 기쁨과 설렘도 잠시였다. 그 편지는 장례식, 그것도 어머니의 장례식 소식을 전하는 것이었다. 앤드류는 순간 누군가에게 명치를 강하게 얻어맞은 듯했다. 자신을 맞아주는 어머니의 따뜻한 눈길과 미소가 없는 고향 위테로 돌아갈 엄두가 나지 않았다.

앤드류는 큰 슬픔에 사로잡힌 채, 세상을 비뚤어진 시선으로 보기 시작했다. 그리고 전투 작전을 수행해 나가는 데 있어서 더욱더 앞장서서 달려들었다. 하지만 어떻게 해도 깊은 슬픔에서 벗어나기에는 역부족이었다. 새로운 작전 지시가 내려올 때마다 앤드류는 안도감마저 느꼈다.

1949년 2월 12일 새벽녘, 앤드류의 부대가 또 다른 전쟁에 투입됐다. 그는 또다시 노란색 띠로 둘러진 모자를 쓰고 그 어떤 때보다도 무섭게 적진으로 달려들었다. 그 안에 앤드류의 영혼과 삶의 목적은 온데간데없었고, 그의 모험도 이미 빛이 바래진 후였다.

격렬했던 전투가 끝나고 며칠 뒤, 앤드류의 부대는 적군이 매복해 있던 함정에 걸려들었다. 사방에서 퍼부어 오는 적의 공격에 모두가 죽기 살기로 도망쳐야 했다. 정신없이 달리던 앤드류는 그만 발을 헛디뎌 넘어졌다. 곧바로 일어서려고 했지만, 웬일인지 다리가 말을 듣지 않았다. 다리 쪽을 내려다보니, 오른쪽 군화에 구멍이 나 있었고 그 사이에서 피가 철철 흐르고 있었다.

"여기 총상을 당했다!"

앤드류는 그 한마디를 끝으로 의식을 잃었다.

4. 귀환 그리고 마음의 변화

정신을 잃었던 앤드류가 다시 눈을 떴을 때는 동료 하나가 앤드류를 어딘가로 옮기고 있었다. 앤드류는 어떤 생각도 떠오르지 않았다. 고통이나 두려움조차 느껴지지 않았다. 그저 자신을 몇 달간 괴롭혀 오던 끝없는 절망감만이 남아 있을 뿐이었다. 도착한 의료 부대가 앤드류를 옮길 때도 앤드류는 자신의 군모를 꾹 눌러 쓰며 그저 이대로 죽기를 바랐다. 죽음만이 이 어둠에서 벗어날 수 있는 길이라고 생각했다.

총알이 앤드류가 쓴 군모를 스쳐 갔다. 조금만 더 깊었어도 앤드류의 머리를 스쳐 갈 수 있었지만, 그는 군모를 벗지 않았다. 몇 시간 뒤, 야전병원에 도착한 앤드류에게 한 간호사가 다가왔다.

“앤드류 반 데르 비즐 씨?”

“네.”

“수술 준비는 다 됐어요. 이제 모자를 벗을게요.”

“아니요, 쓰고 있을 겁니다.”

“안 돼요. 수술할 때 방해가 될 거예요. 제가 잘 보관하고 있을게요.”

하지만 앤드류는 모자를 더 꼭 쥔 채 눈을 가늘게 뜨고 간호사를 바라봤다. 그러자 의사가 간호사의 팔을 잡아당기며 나직이 말했다.

“그냥 둡시다. 우리가 군모를 피해서 수술하면 됩니다. 어차피 저 청년의 부대 표시이기도 하니까요. 저 부대가 힘든 상황을 많이 겪었다고 합니다. 아마 온전한 정신이 아닐 거예요.”

앤드류는 그렇게 군모를 쓴 채 수술실로 옮겨졌다. 두 시간

반의 수술이 끝나고 앤드류가 깨어났다. 상처는 잘 봉합됐지만, 앤드류의 모자와 마음에 남겨진 상처는 그대로 있었다.

****

수술 후 한동안 앤드류는 다른 것을 생각할 틈이 없었다. 다리에 감긴 붕대도 어색했고, 어딘가가 다쳐 불편한 느낌은 너무 생소했다. 그리고 병문안을 오는 전우들 덕분에도 정신을 차릴 수가 없었다. 그들은 다친 앤드류를 대신해 지내던 곳을 정리해 줬다. 그리고 그들 덕분에 생긴 두 가지 아주 사소한 사건이 앤드류의 인생에 큰 변화를 가져다줬다.

하나는 그들이 앤드류의 소지품에서 편지 한 통을 발견한 일이었다. 그것은 앤드류가 싸일에게 보내려고 쓴 편지였다. 앤드류가 전쟁의 참혹한 현실과 자신의 어두운 삶에 대한 고백을 적나라하게 썼기에, 차마 부치지 못하고 간직하고 있던 것이었다. 전우들은 그 편지를 싸일에게 보냈고, 이를 알게 된 앤드류는 그녀가 더 이상 자신에게 답장하지 않을 것이라고 생각했다.

또 다른 하나는 전우들이 앤드류 가방 속 깊이 파묻혀 있던 어머니의 성경책을 가져다준 일이었다. 그 성경책을 본 앤드류의 마음속에는 어머니에 대한 그리움이 가득 차올랐다. 어머니가 그 낡은 성경책을 소중히 아끼며 읽던 모습이 눈에 선했다. 앤드류는 성경책을 베개 근처에 놓아두었다.

몇 주가 지나도록 성경책은 그대로 놓여 있었다. 앤드류는 매일 병원에서 일하는 수녀님들의 모습을 관찰하기 시작했다. 하루 종일 환자들의 침대 이불을 갈고 상처를 소독하거나 환자들을 씻기는 고된 일을 하고 있었지만, 수녀님들은 늘 기분이 좋고 활기차 보였다. 끊임없이 웃으며 노래를 흥얼거렸다. 앤드류는 도무지 그들을 이해할 수 없었다. 결국 참지 못한 앤드류가 수녀님 한 분을 붙잡고 직접 물었다.

"수녀님들은 왜 늘 행복해 보이죠? 이렇게 지저분하고 고된 일을 하면서 왜 불평 한마디 하지 않는 거예요?"

"글쎄요 앤드류, 당신은 이미 답을 알고 있는 거 같은데요."

"제발 알려주세요."

"당연히 하나님의 사랑 때문이죠."

수녀님의 눈은 빛으로 가득 차 있었다.

“그분의 사랑이 바로 우리가 이곳에 있는 이유이고, 우리의 사명이자 우리가 즐겁고 기쁘게 나아갈 길인걸요.”

“잘 이해가 안 되네요.”

앤드류는 멍한 얼굴로 중얼거렸다. 수녀님은 앤드류의 침대에 놓인 성경책에 눈길이 닿았다.

“앤드류, 당신이 찾는 해답은 저 책에 있답니다. 늘 그 자리에서 당신을 기다리고 있어요.”

수녀님이 병실을 나간 후에도 그 말은 앤드류의 머릿속에 맴돌았다. 그날 저녁, 앤드류는 성경책을 집어 들었다. 그리고 첫 장을 조심히 넘겨봤다. 앤드류는 어머니가 그랬듯 조용히 말씀을 읽어 내려갔다.

“태초에….”

앤드류는 성경책을 무서운 속도로 읽었다. 매일 말씀을 읽고 더 깊게 파고들어 갔다. 성경 속 이야기들이 때로는 잘 이해되

지 않았지만, 그 이야기 속의 진실은 앤드류의 마음에 새롭게 다가왔다. 특히 앤드류는 예수님의 말씀과 복음에 깊은 감동을 받았다. 그의 마음속에는 점점 새로운 질문이 생기고 있었다. 그때 싸일에게서 편지 한 통이 도착했다.

싸일은 앤드류가 보내고 싶어 하지 않았던 그 편지를 받고 오히려 앤드류의 아픔과 고통을 공감할 수 있었다. 그리고 앤드류가 어쩌면 하나님의 말씀을 통해 위로를 받을 수 있지 않을까 생각했다. 싸일은 짧은 성경공부 자료를 함께 보내 줬고, 앤드류는 곧바로 읽기 시작했다. 그렇게 앤드류와 싸일은 서로 편지를 주고받으며 성경에 대한 생각을 나눴다.

점점 앤드류의 마음속에도 희망이 싹트는 것만 같았다. 하지만 붕대를 풀던 날, 지난날 앤드류를 괴롭히던 절망과 후회가 다시 찾아왔다. 그는 자신의 다리 상태를 보고, 더 이상 즐거운 모험을 할 기회가 영원히 사라졌다는 현실을 깨닫게 됐다. 앤드류는 다시 술에 손을 대기 시작했다. 다시 찾은 줄만 알았던 행복한 삶에 대한 해답은 분노로 잊혀져 갔다.

****

1949년 5월 11일, 스물한 번째 생일을 맞은 앤드류는 집으로 돌아가는 배를 탈 수 있었다. 앤드류가 고향집에 발을 들여놓기가 무섭게 그의 형제들이 그를 반갑게 끌어안았다. 소란한 가족들 사이로 아버지가 다리를 절며 걸어나왔다. 아버지의 따뜻한 눈동자 주변에는 기쁨의 눈물이 가득했다.

"내 아들! 드디어 내 아들이 돌아왔구나!"

아버지는 너무 기쁜 나머지 소리를 지르며 아들을 반겼다. 하지만 그토록 성대한 환영식에서도 한 사람은 보이지 않았다. 바로 어머니였다. 어머니가 그곳에 없다는 사실은 생각했던 것보다 더 큰 아픔이었다. 앤드류의 여동생 마르체Maartje가 앤드류를 어머니의 묘지로 안내했다. 앤드류는 불편한 다리로 어머니를 찾아갔다. 그리고 그는 어머니의 묘지 앞에서 다시 예전의 일상으로 돌아가겠다고 다짐했다.

앤드류가 동네에서 가장 먼저 찾은 곳은 당연히 웨스트라 아저씨 집이었다. 오랜만에 만난 아저씨는 앤드류를 바라보며 물었다.

"네가 찾고자 했던 것들은 다 찾았니, 앤드류?"

"아뇨, 실은 전혀요."

"널 위해 늘 기도하마."

"하, 글쎄요. 혹시 몰라보셨을까 봐 말씀드리지만, 저는 이렇게 장애가 생겼어요. 아무짝에도 쓸모없는 사람이 됐죠. 누가 이런 사람을 데리고 모험을 떠나려고 하겠어요?"

앤드류의 얼굴은 분노와 수치심으로 타올랐다. 앤드류는 내심 아저씨라면 자신의 병든 마음을 고쳐 주실지도 모른다고 생각했다. 아저씨는 앤드류의 어깨를 감싸 안고 다독여 줬다.

웨스트라 아저씨 집에서 나온 앤드류는 오랜 친구인 키즈를 만나러 갔다. 키즈는 집에서 한창 공부를 하고 있었다. 앤드류는 그런 친구의 모습이 낯설게 느껴졌다.

"이게 대체 무슨 일이야? 그렇게 공부하기 싫어하던 네가 공부를 하고 있다니?"

"앤드류, 나는 하나님의 부르심을 들었어. 이제 내가 어떻게 살아야 할지 확실히 깨달았어."

"그것참 잘됐다. 그래서 어떤 대단한 결심을 한 거야?"

"목회를 하려고 해, 앤드류. 나는 목사님이 될 거야!"

갑작스러운 친구의 선언에 앤드류는 놀란 마음도 잠시, 웃음이 나오는 것을 참느라 애썼다. 짓궂은 장난을 치며 같이 놀던 키즈가 목사님이 된다는 것은 상상도 못 한 일이었다. 하지만 키즈는 본인의 선택에 흔들림이 없어 보였다. 키즈와 헤어진 후, 앤드류의 마음속에 알 수 없는 혼란이 찾아왔다. 그리고 답이 없을 것만 같은 질문들이 계속 떠올랐다.

****

앤드류는 고향인 위테에서조차 마음의 안정을 찾지 못했다. 그는 도른Doorn시의 군인병원을 찾아 재활치료를 시작했다. 하지만 고통이 따르는 운동치료도, 옆에서 응원해 주는 말도 다 싫었다.

앤드류는 주말을 맞이해 병원에서 첫 번째 외출을 허락받고, 싸일이 살고 있는 고르쿰시를 찾아갔다. 싸일은 여전히 아름다웠다. 두 사람은 항구에 나란히 앉아 대화를 나눴다. 그리고 앤드류는 자신이 더 이상 하나님을 찾지 않는다고 고백했다.

"왜 하나님을 찾지 않나요, 앤드류? 하나님은 늘 당신을 찾으시는데요."

"하나님께서 저 같은 사람을 찾아 뭘 하시겠어요?"

"글쎄요, 그건 모르죠. 아마 아주 큰 일에 쓰실 수도 있죠."

싸일의 말도 앤드류에게는 도움이 되지 않았다. 사실 앤드류는 자신이 사랑하던 사람들 모두가 너무 멀게만 느껴졌다. 그렇게 재활치료만 반복하는 날들이 흘러갔다. 앤드류의 영혼은 다시 깊은 어둠 속으로 빠져들고 있었다. 앤드류의 곁에는 사람들이 많이 있었지만, 그는 너무 외로웠다.

그렇게 무의미한 일상을 보내던 1949년 9월의 어느 아침이었다. 금발의 한 소녀가 병원에 있는 군인들을 부흥 집회에 초대하러 방문했다. 앤드류는 예배에 관심이 없었지만, 소녀의 밝은 미소를 보며 가보기로 했다. 앤드류는 예배 시간 초반에는 계속 딴청을 피워 댔다. 하지만 후반으로 갈수록 자신도 모르는 사이에 점점 하나님의 음성을 듣게 됐다.

다음 날, 앤드류는 어머니가 준 성경책을 다시 집어 들고 첫장을 펼쳤다. 앤드류에게 성경 속 말씀과 단어들은 살아 숨 쉬는 듯 또렷하게 와닿았다. 앤드류는 더 이상 이 소중한 성경책을 떼어 놓을 수 없을 것만 같았다. 모든 이야기가 새롭게 보이기 시작했다. 그리고 그 속의 진리는 앤드류가 그동안 어디에서도 배운 적 없는 값진 가르침이었다.

그렇게 몇 주를 성경과 씨름하고 나니, 자연스레 교회를 찾게 됐다. 처음에는 주일에만 교회를 갔지만, 점점 교회로 매일 출석했다. 가족들은 앤드류의 달라진 삶을 잘 이해하지 못했다. 하지만 앤드류의 친구 키즈, 웨스트라 아저씨와 아주머니, 싸일은 앤드류의 변화를 이해하고 응원해 줬다. 그런데 시간이 더 흐르면서, 앤드류의 믿음에 대한 지나친 열정은 그를 열심히 응원해 주던 사람들마저 지치게 했다.

어느 날, 싸일은 앤드류를 나무라며 말했다.

"앤드류, 교회를 열심히 가는 것도 좋지만, 너무 지나치게 시간을 쏟는 것 같아요. 그러다 지쳐 쓰러질 거예요."

"그렇지 않아요. 전 단지 말씀 속에서 뭔가 더 배우고 싶고, 찾고 싶을 뿐이에요."

"하지만 앤드류, 당신은 아직 직업이 없잖아요. 벌이가 없다면 당신에게 미래는 없을 거예요. 이제 직업을 찾아야 하지 않을까요?"

앤드류도 싸일의 걱정을 모르는 것은 아니었다. 그가 아직 변변한 직업이 없다는 것이 큰 문제이기는 했다. 하지만 앤드류는 하나님을 만나기 위한 여정을 포기할 수 없었다. 그는 뭔가 아주 중요한 일이 자신에게 다가오고 있음을 느낄 수 있었다.

****

1950년 1월 중순, 위테에는 심한 눈보라가 몰아쳤다. 한밤중에 앤드류는 가만히 누워 자신의 작은 집이 바람에 흔들리며 끼익하는 소리를 듣고만 있었다. 그 세찬 바람결에 자신을 스쳐간 과거의 수많은 기억과 감정들이 함께 스쳐 지나갔다. 그리고 앤드류의 머릿속에 문득 한 가지 생각이 떠올랐다. 그는 곧바로 큰 소리로 기도하기 시작했다.

"주님, 저는 죄인입니다. 저는 비천하고, 망가지고, 남은 희망조차 없는 그런 사람입니다. 하지만 주님, 저는 이 시간 새롭게 당신의 아들로 태어나기를 바랍니다. 저의 죄를 용서하시고 저의 삶의 주인이 되어 주세요."

앤드류는 자신이 꿈꾸던 모험이 그저 부와 명예만을 좇던 것이었음을 새삼 깨닫게 됐다. 그리고 그 모든 것은 하나님께서 원하시는 것이 아니고, 자신의 욕심임을 깨달았다. 앤드류는 크게 깊은숨을 내쉬고 기도를 계속 이어갔다.

"주님, 제 모든 헛된 욕심을 내려놓고 하나님의 뜻에 따르기를 원합니다. 하나님께서 제게 걸었으면 하는 길을 보여 주신다면, 순종하고 그 길을 걸어갈 것을 약속합니다. 예수님의 이름으로 기도합니다. 아멘."

앤드류의 기도는 간결했지만, 하나님께서 앤드류의 마음의 문을 열어 주시는 순간이었다.

5. 하나님의 부르심

다음 날 아침, 눈을 뜬 앤드류의 마음은 이전에는 느껴 본 적 없는 기쁨으로 가득 차 있었다. 지나온 날들과는 전혀 다른 새로운 삶을 선물로 받은 것만 같았다. 앤드류의 놀라운 경험을 들은 웨스트라 아저씨와 키즈는 자신들의 일처럼 함께 기뻐해 줬다.

그 무렵, 유명한 전도사님 한 분이 암스테르담에서 설교를 한다는 소식을 접할 수 있었다. 키즈는 앤드류에게 함께 집회에 참석해 보자고 했다. 두 친구는 암스테르담까지 먼 길을 떠났다. 집회가 열린 강당은 사람들로 이미 꽉 차 있어서 강당 맨 끝자리에 겨우 앉을 수 있었다. 전도사님은 열정적으로 말씀을 전한 후, 강당 안 사람들을 둘러보며 말했다.

"오늘 이 시간은 특별한 일이 생길 것만 같은 느낌이 듭니다. 여기 계시는 분 중에 하나님의 말씀을 전하는 사역을 하고 싶은 청년이 있나요?"

전도사님은 다시 강당을 쭉 둘러봤다. 앤드류와 키즈는 조금 부담스러운 마음이 들었다. 두 사람은 강당을 빠져나가기 위해 슬쩍 자리에서 일어났다. 순간 사람들의 시선이 앤드류와 키즈를 향했다. 놀란 두 사람은 다시 자리에 앉으려고 했지만, 사람들의 박수에 할 수 없이 강단 앞으로 걸어갔다. 전도사님은 앤드류와 키즈를 진심 어린 마음으로 축복하며 두 사람을 위해 기도해 줬다. 집회가 끝난 후, 전도사님이 앤드류와 키즈를 향해 다가왔다.

"청년 여러분! 두 분은 첫 임무를 감당할 준비가 됐나요?"

앤드류와 키즈는 전혀 생각하지 못한 '임무'라는 소리에 당황하며 서로를 쳐다봤다.

"자, 우리 이렇게 하는 걸로 합시다. 우리 두 청년은 어느 지역에서 왔나요?"

"위테에서 왔습니다."

"좋습니다! 자, 두 사람은 위테로 돌아가서 야외 예배를 드릴 수 있도록 준비해 주세요. 물론 저도 함께 갈 겁니다. 시작은 제가 하고, 이후에는 여러분이 돌아가면서 말씀을 전하는 거예요. 이번 주 토요일이 어떨까요?"

앤드류와 키즈는 생각보다 훨씬 더 큰 일이 벌어졌다는 생각에 두려운 마음이 들었다. 하지만 들떠보이는 전도사님 앞에서 어쩔 수가 없었다.

두 사람은 쭈뼛쭈뼛하며 작은 목소리로 대답했다.

"네, 알겠습니다."

****

그 주 토요일, 앤드류와 키즈가 인도하는 야외 예배에는 위테 마을 사람들 대부분이 참석했다. 임시로 세워진 단상에 앤드류와 키즈가 전도사님과 함께 서 있었다. 자신의 차례가 되자 앤드류는 입술이 바싹 타들어 갔다. 다리는 힘이 풀려 주저앉을 것만 같았고, 준비했던 말들은 하나도 생각나지 않았다.

그래서 앤드류는 자신의 경험을 이야기하기 시작했다. 인도네시아에서 겪은 고통스럽고 두려웠던 시간, 다리를 다치고 절망했던 시간, 그리고 그 모든 폭풍이 지난 후 잠잠해진 지금까지의 삶을 나눴다.

앤드류는 자신이 내뱉는 말 한마디 한마디가 사람들의 마음에 닿고 있음을 느꼈다. 그리고 그 시간은 앤드류에게도 큰 힘과 용기를 줬다. 하지만 싸일은 여전히 앤드류에게 일어난 이 새로운 모험이 달갑지 않았다.

"앤드류, 하나님은 당신이 말씀을 전하는 걸 기쁘게 생각하실 거예요. 하지만 지금은 일할 수 있는 직장을 찾고, 그곳에서부터 사역을 시작하는 게 좋지 않을까요?"

앤드류는 싸일의 의견에 동의할 수밖에 없었다. 고민 끝에 그는 여동생의 남편이 일하는 링거Ringer 초콜릿 공장에 들어가 일하기로 했다.

****

앤드류가 맡은 일은 초콜릿 상자 개수를 세어 분류해 두고, 그 상자들을 수레에 실어 포장작업실로 나르는 것이었다.

한 직원이 앤드류를 데리고 초콜릿을 포장하고 있는 거대한 작업실로 안내했다.

앤드류가 문을 열고 들어서자, 여직원들은 휘파람을 불고 환호를 아끼지 않았다. 공장에서 일하는 여직원들은 그 시절 여느 여자들처럼 조용하고 차분한 성격이 아니었다. 그중 특히 드세고 거침없는 성격의 그레이처Greetje는 공장 여직원들을 이끄는 작업반장이었다. 앤드류는 여자들의 짓궂은 장난을 당해 낼 재간이 없었다. 이곳이야말로 자신이 사역을 이어 나가야 할 곳이라고 생각했다. 하지만 거친 여직원들을 상대로 하나님의 말씀을 나눌 방법은 없을 것만 같아 보였다.

그러던 중에 포장작업실에서 일하고 있는 여직원 하나가 앤드류의 눈에 들어왔다. 포장작업실에는 작업기록을 주고받는 창문이 하나 있었고, 앤드류는 그 안으로 상자 영수증을 가져다줬다. 창문 너머로 가느다란 금발에 따뜻하고 빛나는 갈색 눈동자가 보였다.

"다른 직원들은 너무 신경 쓰지 마세요. 원래 다들 처음 오는 사람에게 일부러 더 장난을 친답니다."

앤드류는 고마움에 얼굴이 붉어졌다. 그녀가 앤드류의 작업

일지를 적어 주는 동안, 앤드류는 그녀의 얼굴을 찬찬히 살펴봤다. 분명 어디에선가 본 적이 있는 듯한 얼굴이었는데도 막상 기억이 나지 않았다. 이후 앤드류는 그녀가 있는 포장작업실 앞 작업기록 창구를 자주 찾았다. 그리고 밝게 빛나는 눈으로 웃어 주는 그녀에게 쪽지를 건네기도 했다.

공장에서 일한 지 한 달 정도 됐을 때였다.

"당신이 너무 걱정돼요. 아직 이렇게나 젊은데 이런 거친 곳에서 일하고 있다니요."

그녀는 고개를 뒤로 젖히며 웃었다.

"공장 사람들이 생각하는 것만큼 나쁜 사람들은 아니에요. 그저 다들 친구가 필요한 거죠. 아마도 주님은 제가 이곳에서 저분들의 친구가 되어 주기를 바라시는 거 같아요."

앤드류는 깜짝 놀라고 말았다. 이런 곳에서 복음을 함께 전할 친구를 만난 것이다. 그제야 앤드류는 그녀를 어디에서 봤는지 기억해 냈다. 그녀는 앤드류가 재활치료를 위해 다니던 군인병원에서 부흥 집회에 초대하러 왔던 소녀였던 것이다.

앤드류는 흥분에 차서 자신이 그녀를 알아본 이유를 설명했다. 그날의 예배가 자신의 삶을 얼마나 변화시켰는지도 이야기했다. 하나님께서 자신을 어떻게 사역의 길로 부르셨는지, 링거 초콜릿 공장에는 어떻게 오게 됐는지도 전부 말했다.

그리고 이야기 끝에 앤드류는 소녀의 이름을 물어봤다.

"나는 코리 반 담Corrie Van Dam이라고 해요."

****

그날 이후로 앤드류와 코리는 일터에서 함께 예수님의 복음을 전하기로 했다. 그리고 부흥회나 집회 소식을 동료들에게 알려줬다. 하루는 앤드류가 용기를 내서 그레이처 작업반장에게 주말성경 공부모임에 함께 가자고 권했다. 그런데 놀랍게도 그녀는 가겠다고 약속해 줬다.

주말성경 공부모임이 끝난 후, 앤드류는 버스를 타고 집에 가려는 그레이처에게 다가갔다.

"그레이처, 내 자전거 뒤쪽에 앉을 수 있는데 타실래요? 가는 길에 내려 줄게요. 버스비를 아낄 수 있잖아요."

그녀는 잠시 망설이다가 앤드류의 낡은 자전거 뒷좌석에 올라탔다. 조금 한적한 교외를 지날 즈음, 앤드류는 그레이처가 하나님을 만나야 한다고 말할 참이었다. 하지만 왠지 하나님께서 아직은 때가 아니라고 말씀하시는 것만 같았다. 두 사람은 날씨나 풍경과 같은 평범하고 다양한 주제로 대화를 이어나갔다. 그리고 앤드류가 그레이처를 집 근처에 내려 줄 때, 그녀는 앤드류에게 고맙다고 인사를 했다.

다음 날 아침, 코리는 앤드류에게 상기된 얼굴로 한달음에 달려왔다.

"어제 그레이처에게 무슨 말을 한 거예요?"

"별말 안 했는데요."

"그레이처가 뭔가 달라졌어요. 우리가 전에 알던 그레이처가 아니에요."

곧 앤드류는 코리의 말이 무슨 뜻인지 알 수 있었다. 그레이처는 사람들을 친절하게 대하고 있었다. 점심 시간이 됐을 때, 그레이처는 자신의 식판을 들고 앤드류 옆에 와 앉았다.

"앤드류, 사실 어제 당신한테 좀 놀랐어요."

"무슨 말이에요?"

"나는 당신이 집에 돌아가는 길에 하나님을 믿으라는 소리를 할 거라고 생각했거든요. 그런데 그런 말은 꺼내지도 않았잖아요. 그게 좀 놀라웠어요."

"그냥 아직 때가 아니라는 느낌이 들었어요."

"나는 당신이 나를 이렇게 생각하는 줄 알았거든요. 나는 엄청난 죄인이라고요. 그래서 나를 구원받게 해야 할 사람이라고요."

"오, 전혀요. 하나님은 이미 저 같은 사람을 구원하셨는걸요. 이 세상 그 누구라도 구원받을 수 있어요."

앤드류의 고백에 그레이처는 한껏 밝아진 표정으로 말했다.

"내가 이제야 그걸 깨달았어요! 어젯밤에 내 생애 처음으로

긴 기도를 해 봤답니다. 난 주님께 내가 그동안 너무나 큰 죄인이었다고 고백하고, 용서해 달라고 기도했어요. 허락하신다면 새로운 삶을 살고 싶다고 기도했죠. 그리고 오늘 아침에 일어났을 때, 다시 태어난 기분이 들었어요. 난 이제 주님을 위한 삶을 살아가려고 해요. 바로 오늘부터요!"

앤드류는 그레이처의 고백을 듣고 기쁨과 안도가 뒤섞인 감정을 느꼈다. 앤드류는 자신이 아닌 누군가가 하나님을 만나고 변화하는 것을 처음으로 눈앞에서 보게 된 것이다. 점차 앤드류는 뭔가 자신이 더 할 일이 있을 것만 같은 느낌이 들었다. 하지만 그것을 실행할 용기를 내기에는 너무나도 어려운 일이었다.

6. 하나님께 드린 삶

앤드류는 자신을 향한 하나님의 부르심을 더 이상 떨쳐 낼 수 없었다. 결국 싸일에게 선교의 길을 가겠다고 고백했다. 그의 열정과 확신을 마주한 싸일은 그녀가 다니는 교회의 선교회로 편지를 썼다. 그리고 앤드류가 선교사가 되기 위해서 무엇을 해야 하는지 물었다. 교회에서는 제대로 교육받지 못한 앤드류의 이력을 보고, 선교사로 임명되기 위해서는 최소 12년의 학교 교육이 필요하다고 답변해 왔다.

12년은 너무 긴 시간이었다. 교육에 들어가는 비용도 앤드류가 감당하기에는 매우 컸다. 그는 우선 몇 개의 수업을 신청해서 공부를 시작했다. 하지만 24살인 그가 12년 동안 공부를 하는 것이 올바른 일인지는 알 수 없었다. 앤드류는 자신이 잘

못된 길을 가고 있는 것은 아닌가 하는 생각이 들기 시작했다.

그때 앤드류는 한 전도사 친구에게 이 같은 고민을 털어놓았다. 앤드류의 이야기를 들은 그는 싱긋 웃었다.

"앤드류, 자네 WEC 사람처럼 말하는군."

"WEC? 그게 뭔가? 새로운 신학교인가? 처음 들어 보네."

전도사 친구는 다시 미소 지었다.

"아니, WEC는 정통 신학교는 아니야. 근데 신학교에 대한 생각은 자네와 비슷할 것 같군."

"거기는 정확히 무엇을 하는 곳인가?"

앤드류는 처음 들어보는 WEC라는 곳이 궁금해졌다.

"WEC란 세계복음주의 선교단체Worldwide Evangelization Crusade를 말한다네. 영국에서 생긴 단체인데, 선교사가 되고자 하는 사람들을 가르치고 파송하는 선교 기관이라네. 그곳에는 2년 단기 훈련 과정도 있는 걸로 알고 있어."

친구의 설명만으로는 WEC가 어떤 곳인지 감이 잘 오지 않았다. 다만, WEC의 단기 훈련 과정은 앤드류에게 절실했다. 이미 정규 선교 교육을 받고 있는 키즈에게 WEC와 그곳에 대한 정보를 전해 줬더니, 그는 엄청난 관심을 보였다.

"마태복음 10장을 보면, 예수님은 제자들이 복음을 전할 때 하나님께서 마련해 주실 걸 믿고 어떤 준비도 없이 가라고 하셨지. 분명 합당한 가르침이야. 성경에 나온 가르침이지. 나도 거기에서 배우고 싶은걸."

몇 달이 지나고 WEC의 담당자 존슨Johnson 씨를 만날 기회가 생겼다. WEC를 설명하는 그의 말에는 열정이 가득했다. 존슨 씨는 앤드류에게 스코틀랜드의 글래스고Glasgow에 위치한 WEC 훈련 학교와 그곳에서 훈련생들에게 사역과 실천의 문제를 어떻게 가르치는지 설명해 줬다.

앤드류는 곧바로 위테로 돌아가 키즈를 데리고 존슨 씨를 다시 만나러 갔다. 키즈는 존슨 씨에게 여러 가지 질문을 했고, 그의 답변에 흥미를 보이는 듯했다. 얼마 지나지 않아,

키즈는 WEC에 지원해 합격통보를 받았다.

글래스고의 훈련 학교로 간 키즈는 앤드류에게 자주 편지를 썼다. 앤드류는 키즈의 편지와 그곳의 소식이 반가웠지만, 한편으로는 씁쓸하기도 했다. 학교도 제대로 다니지 못하고 아픈 다리 때문에 아무것도 할 수 없는 처지의 자신이 너무 바보 같게만 느껴졌다. 그는 점점 하나님께서 정말 자신처럼 단점이 많은 사람도 쓰시는지 의심이 들기 시작했다.

****

1952년 9월 어느 일요일 오후, 앤드류는 위테에서 멀지 않은 하천 길을 따라 걷고 있었다. 이 하천 길은 혼자 조용히 생각하며 온전히 하나님께 더 가까이 다가갈 수 있는 장소였다. 앤드류는 그 길을 따라 걸으며 기도하기 시작했다.

"하나님, 주님의 뜻에 따라 살기 원합니다. 그리고 그런 저의 모든 마음을 주님은 다 아십니다. 그런데 왜 주님은 제게 뜻하시는 길을 보여 주지 않으시나요? 왜 저는 당신의 뜻을 찾을 수가 없나요?"

침묵이 앤드류를 감쌌다. 그 침묵 가운데 앤드류는 문득 깨달은 것이 있었다. 앤드류는 무릎을 꿇고 기도하기 시작했다.

"오 주님, 그동안 제 모든 삶을 주님께 맡기지 못했음을 이제야 깨닫고 고백합니다. 제 영혼과 마음은 주님 손에 있는데, 늘 저는 주님의 부르심을 피할 변명만 찾았습니다. 모자란 제 지식과 아픈 다리를 핑계 삼아 하나님의 길에서 벗어나고자 했습니다. 용서해 주세요."

하나님 앞에 모든 것을 내려놓기로 다짐한 앤드류는 눈물을 흘렸다. 그리고 어떤 변명도 없이 하나님께서 원하시는 대로 살겠다고 약속했다.

다시 일어서서 한 발짝을 떼자 부상을 입은 발목에 엄청난 고통이 몰려왔다. 앤드류는 비명을 지르며 땅바닥에 나뒹굴었다. 크게 한 번 숨을 들이쉬고 나니 고통이 조금 멎는 것도 같았지만 다리는 여전히 아팠다.

앤드류는 조심스레 일어나 아픈 다리에 다시 한번 힘을 줬다. 어쩐지 발목 주변의 감각이 사라진 것처럼 아무런 느낌이 없었다. 좀 더 큰 걸음을 내디뎌 봤다. 역시나 전혀 고통이 느껴지지 않았다. 앤드류는 자신에게 일어나고 있는 일이 믿겨

지지 않았다. 앤드류는 가볍게 뛰기 시작했다. 다리를 다친 이후 한 번도 뛰어 본 적 없는 다리였다. 앤드류는 더 이상 다리가 불편한 사람이 아니었다. 하나님께서 앤드류의 다리를 고쳐 주신 것이다!

그날 밤, 앤드류는 6km가 넘는 긴 길을 걸어 저녁 예배에 갔다. 다음 날은 링거 초콜릿 공장까지 걸어갈 수 있었다. 그리고 그다음 주가 됐을 때, 앤드류는 글래스고에 있는 WEC 훈련 학교에 정식으로 지원했다. 앤드류의 인생에 진정한 모험이 드디어 시작된 것이다.

****

1953년 4월, 앤드류가 WEC 훈련 학교로 가기 위해 런던으로 떠날 시간이 다가왔다. 링거 초콜릿 공장에서의 마지막 날, 믿음의 동료 코리와도 작별인사를 나눴다. 코리는 자신도 간호사가 되기 위해 공장을 떠난다고 했다. 두 사람은 하나님께서 각자 걷는 길을 은혜로 이끌어 주실 것이라 믿었다. 그리고 언젠가 두 사람의 길이 닿아 서로 만날 수 있기를 기도했다.

코리와 달리 싸일은 앤드류가 WEC에 가지 않기를 바랐다. 그래서 싸일은 앤드류의 결정을 받아들일 수 없고, 그가 마음을 바꾸기 전까지 절대 연락하지 않겠다는 편지를 보냈다.

언젠가 싸일과 결혼하려고 마음먹었던 앤드류는 망연자실했다. 하나님의 뜻을 따르기 위해서는 그녀와의 미래를 포기해야만 하는 것을 알고 있었다. 하지만 그녀와 함께할 수 없는 현실이 그 어떤 때보다도 마음 아팠다.

싸일로부터 편지를 받고 이틀 후, WEC 런던 지부로부터 슬픈 소식이 하나 더 전해져 왔다. 훈련 학교에 정원이 다 찼으니 다음 해에 다시 지원해 달라는 내용이었다.

앤드류는 이미 자신이 가진 모든 것을 팔아 WEC 런던 지부까지 가는 교통비와 학비를 마련하고 기다리는 중이었다. 그렇게 모든 길이 가로막혀 있었지만, 앤드류는 다시 용기를 냈다. 마음속에서 누군가가 아직도 "가라"고 속삭이고 있었기 때문이다.

다음 날, 앤드류는 짐을 챙겨 가족들과 인사를 나눈 후 버스에 올라탔다. WEC 런던 지부 앞에 도착했을 때, 앤드류는 안도의 한숨을 쉬었다. 어딘지 모르게 집에 온 것처럼 마음이 편안했다. 건물 정문으로 당당하게 걸어간 앤드류는 힘차게 문을 두드렸다.

문을 열어준 친절한 여자분은 앤드류의 어설픈 영어를 잘못 알아들었다. 다행히도 그녀는 재빨리 네덜란드어를 할 줄 아는 사람을 찾아와 줬다. 앤드류는 네덜란드어가 들리자 마음을 조금 내려놓을 수 있었다. 앤드류가 자신의 소개를 마치자 WEC 직원은 당황해했다.

“아, 이름을 들으니 알 것 같네요. 근데 얼마 전에 전보를 드렸을 텐데요. 올해는 입학이 힘들 것 같다고요. 혹시 전보를 못 받으셨나요?”

앤드류는 씩 웃으며 답했다.

“아니요, 받았습니다.”

“그런데도 여기까지 오셨다고요?”

“하나님께서 원하시는 때에 제가 있을 자리가 생길 테니까요. 저는 여기서 하나님의 시간을 기다리고 싶습니다.”

앤드류의 말을 들은 WEC 직원은 크게 미소를 지어 보였다.

"이미 당신은 WEC 사람 같군요. 안으로 들어오세요. 학교에 자리가 날 때까지 여기 본부 사무실에서 지내면서 일해 보면 어떨까요? 영어도 공부할 수 있고 좋은 기회가 될 겁니다."

****

앤드류는 그 후 두 달 동안 매일 아침마다 영어성경을 들고 정원으로 나가 읽었다. 나머지 시간에는 WEC 건물에 페인트 칠을 하고, 또 남은 시간에는 영어 공부를 했다. 저녁에는 직원들이 돌아가면서 인도하는 작은 저녁 예배에도 참석했다.

앤드류가 두 번째로 저녁 예배 인도를 맡은 날, 저쪽 뒤편에서 누군가가 신난 목소리로 외쳤다.

"아, 우리 네덜란드 친구군요! 아주 좋은 설교를 할 것 같은 인상인데요!"

소리 나는 쪽을 바라보니, 한 남자가 보였다. 둥글고 큰 머리에 장난기 가득한 파란 눈동자를 가진 그는 윌리엄 홉킨스 William Hopkins 씨였다. 앤드류가 인사를 하자, 그는 앤드류의 손을 붙잡고 빠르게 흔들었다. WEC의 국장은 이제 앤드류가 런던의 WEC 본부를 떠날 시간이 됐다고 했다. 홉킨스 씨는 앤드류가 영국에서 일할 수 있도록 도와 줄 사람이었다.

"어서 짐 챙겨요. 오늘 밤은 우리 집에 가서 잡시다."

홉킨스 씨는 런던에서 계약 문서를 작성해 주는 것으로 큰 돈을 번 사람이었다. 하지만 그 많은 돈으로 호화롭게 사는 것이 아니라, 필요한 사람들에게 모두 나눠 주고 있었다. 그뿐만 아니라 형편이 어려운 학생들을 위해 영국에서 일자리를 구할 수 있도록 도와주고 있었다. 예수님을 닮아가는 삶을 살기 위해 노력하며, 단 한 번도 어려움에 처한 사람들을 외면하지 않는 사람이었다.

앤드류는 WEC 직원들과 작별인사를 나눈 뒤 홉킨스 씨의 집으로 향했다. 얼마 가지 않아, 템즈Thames 강변 근처에 위치한 따뜻하고 아늑한 작은 오두막에 도착했다. 홉킨스 부인은 오랫동안 병을 앓고 있어 하루의 대부분을 침대에서 보내고 있었다.

"어서 와요, 앤드류."

홉킨스 부인은 앤드류를 따뜻한 미소로 맞아줬다. 그녀의 미소는 그리운 어머니를 떠올리게 했다.

"우리 집에 온 걸 환영해요. 부담 갖지 말고 편하게 지내요."

"정말 감사합니다."

앤드류는 홉킨스 씨 부부의 따뜻한 영혼에 감동했다.

"아, 한 가지 주의할 게 있기는 하네요! 제 남편이 길 잃은 사람들을 데리고 오는 것이 특기랍니다. 그러니 어느 날 집에 왔는데 침대에 모르는 사람이 누워 있어도 놀라지 말아요. 꽤 자주 있는 일이거든요."

홉킨스 부인은 장난스러운 눈빛으로 홉킨스 씨를 쳐다보며, 앤드류에게 농담이 섞인 경고를 해 줬다.

일주일도 지나지 않아, 홉킨스 부인의 말은 현실이 됐다. 앤드류는 홉킨스 씨 부부가 잃어버린 영혼을 만날 때마다 그들을 돕기 위한 양식을 채워 주시기를 하나님께 끊임없이 기도하는 것을 봤다. 때로는 전혀 불가능해 보이는 상황에서도 하나님은 그 두 사람의 기도를 들어 주셨다. 홉킨스 씨 부부가 실천하는 믿음의 삶을 보면서 앤드류도 더욱 강한 믿음을 지니게 됐다.

앤드류는 홉킨스 씨 집에 오래 머무를 계획이 아니었지만, 영국 정부는 앤드류가 영국에서 일자리 구하는 것을 쉽게 허락하지 않았다. 앤드류는 미안한 마음에 청소, 빨래, 요리와 같은 집안일을 했다. 홉킨슨 씨 부부도 그런 앤드류의 마음 씀씀이에 고마워하며, 지원을 아끼지 않았다. 앤드류는 홉킨스 씨 집에서 지내는 살뜰한 아들이 됐고, 홉킨스 씨 부부는 그에게 따뜻한 부모님이 됐다.

그렇게 지내던 어느 날, 글래스고에서 한 통의 편지가 도착했다. 앤드류가 드디어 WEC 훈련 학교에 갈 수 있게 된 것이다. 홉킨스 씨 부부와 앤드류는 기쁨과 슬픔이 뒤섞인 눈물을 흘리며 축하 파티를 열었다.

1953년 9월, 앤드류는 런던을 떠나 글래스고로 향했다. 그의 인생에 가장 멋진 모험이 이제 막 시작되고 있었다.

7. 공산 국가의 신음 소리

앤드류는 염려와 기대가 뒤섞인 마음으로 글래스고 기숙사에 도착했다. 하지만 자신을 반기는 키즈를 보는 순간 모든 걱정은 싹 날아갔다. 잠시 재회의 기쁨을 나눈 뒤, 키즈는 앤드류를 기숙사 방으로 데려다주고 다른 훈련생들에게도 소개해 줬다. 그리고 담당 선교사인 스튜어드 딘넨Steward Dinnen을 소개시켜 줬다.

"WEC의 가장 중요한 목적은 하나님을 믿는 삶을 가르치는 것입니다. 선교사들이 어디에 가든지 그곳에서 잘 적응하고, 선교 생활을 잘 이어가기를 바라는 거죠."

"그게 바로 제가 이곳에 온 이유입니다."

앤드류의 진지한 답변에 딘넨 선교사는 미소를 보였다.

"좋은 자세입니다. 우리는 지식을 가르치는 것보다, 경험을 쌓는 걸 더 중요시하죠. 훈련생들이 하나님을 어떤 상황에서도 온전히 신뢰하는 걸 배우길 원합니다. 우리는 하나님께서늘 주님의 은혜가 넘치는 곳으로 인도하심을 믿고 있어요."

****

첫 학기가 끝나갈 즈음, 앤드류는 복음 훈련 여행을 떠나게 됐다. 출발일이 가까워져 오자 딘넨 선교사는 앤드류에게 당부의 말을 전했다.

"아주 좋은 경험이 될 거예요, 앤드류. 진정한 믿음의 여정이 될 테니까요. 팀원 한 사람당 1파운드의 여행비가 지급됩니다. 그 돈으로 숙소, 교통, 음식 그리고 선교 여행에 필요한 것들을 다 감당하며 스코틀랜드 전역을 돌게 될 거예요."

"1파운드로요? 불가능해 보이는걸요."

앤드류는 믿을 수가 없었다.

“사람이 하는 일이라면 그렇겠죠. 그러나 하나님께서 하시는 일이니 가능합니다. 4주간 잘 버텨 내고, 돌아왔을 때는 남은 돈을 돌려줘야 합니다.”

“돌려 달라니요? 농담이시죠?”

“전혀요. 앤드류의 선배들은 이 믿음의 여정을 모두 성공적으로 마쳤답니다.”

앤드류는 조용히 웃으며 대답했다.

“많은 분의 도움을 받아야겠군요.”

“아니요. 어떤 도움도 받으면 안 되는 것이 이 여행의 규칙입니다. 팀원들 말고는 누구에게도 돈에 관해 말해서는 안 됩니다. 어떤 것이든 다른 이에게 도움을 요청한다면 이 여행은 실패한 것이 됩니다. 사람들이 먼저 도움을 주면 받을 수 있습니다. 하지만 그전까지는 어떤 것도 요청해서는 안 됩니다.”

얼마 뒤, 앤드류는 다른 4명의 젊은 사람들과 한 팀이 되어 복음 여행을 떠나게 됐다. 4주의 여행 기간 동안 앤드류는 하나님의 일하심에 계속 감동할 수밖에 없었다. 어떤 젊은이의 부모님은 적은 돈과 함께 편지를 보내 줬다. 또 얼마 전 방문했던 교회에서는 선교 헌금을 보내 주기도 했다.

여행이 막바지에 이르렀을 때, 앤드류의 팀은 에든버러Edinburgh에서 집회를 열었다.

그때 한 팀원이 갑자기 사람들에게 말했다.

"내일 저녁 예배 전, 오후 4시에 이곳에서 차를 마시며 대화를 나누는 시간을 가지려고 합니다. 혹시 오실 분이 있나요?"

30명이 조금 안 되는 사람들이 손을 들었다. 팀원들은 크게 당황했다. 그들에게 남은 돈은 한 푼도 없었다. 모두 이 예배 장소를 빌리는 데 썼기 때문이다. 하지만 팀원들 모두 하나님께서 늘 부족함 없이 채워 주셨음을 기억하고 있었다. 그날 밤, 팀원들은 텅 빈 큰 강당에 담요를 두른 채 모였다.

"하나님, 하나님께서 저희를 이곳으로 이끌어 주셨음을 알고 있습니다. 저희와 함께해 주시고 보살펴 주세요."

어둠 속에서 한 사람이 큰 목소리로 기도하기 시작했다. 그러자 다른 팀원이 기도를 이어받았다.

"주님, 저희에게 필요한 것이 있습니다. 그동안 하나님께서 역사하신 것처럼, 이번에도 도와주시기를 바랍니다."

앤드류의 팀원들은 하나님께서 다음 날 어떻게 일하실지 궁금해하며 잠들었다. 하지만 그들이 아침에 눈을 떴을 때, 어디에도 헌금 봉투 같은 것은 놓여져 있지 않았다. 아무래도 모임에 필요한 것들을 구할 수 없을 것 같았다. 하지만 정확히 오후 3시 45분, 현관 종소리가 울렸다. 문을 열어 보니, 젊은 집배원이 문 앞에 서 있었다.

"소포 배달입니다. 음식 같아 보이니 바로 보관 부탁드립니다."

소포 상자는 런던의 홉킨스 씨로부터 온 것이었다. 집배원이 떠나고 상자를 열어 보니, 굉장히 크고 맛있어 보이는 초콜릿 케이크가 들어 있었다!

남은 훈련 과정 동안에도 이 같은 기적은 계속됐다. 언제나 필요한 때에 생각지도 못한 선교 헌금을 받았고, 믿음이 약해질 때는 늘 누군가의 축복과 응원이 들려왔다.

****

졸업을 일주일 앞둔 때에도 기적은 계속 나타났다. 1955년 봄의 한 조용한 아침이었다. 앤드류는 짐 가방을 챙기러 기숙사 지하로 내려갔다. 졸업 후에는 고향인 위테로 돌아가 하나님의 뜻을 다시 기다리려는 생각이었다. 가방을 꺼내려고 하는데, 앤드류의 눈에 잡지 하나가 보였다.

잡지를 들춰 보니 중국의 베이징Beijing, 체코슬로바키아의 프라하Prague, 폴란드의 바르샤바Warsaw, 동독(번역자 주: 통일되기 전의 독일 동쪽 지역을 말하며, 공산주의 지배를 받고 있었다)의 동베를린East Berlin 거리에서 열정적인 젊은이 무리가 행진하고 있는 사진들이 가득했다. 공산주의를 알리는 선전물이었다. 잡지 마지막 장에는 폴란드의 바르샤바에서 열리는 공산당 청년 축제 광고도 있었다.

앤드류는 영혼 깊은 곳에서부터 알 수 없는 전율을 느꼈다. 하나님은 분명 앤드류에게 이 바르샤바의 공산당 청년 축제에 가야 한다고 말씀하시는 듯했다. 앤드류는 주저함 없이 잡지에 적힌 바르샤뱌의 주최 측 주소로 편지를 썼다.

편지에는 그가 기독교 선교 훈련을 받고 있는 학생이며, 축제에 참가해 많은 사람과 생각을 나누고 싶다는 내용을 적었다. 편지를 보내고 얼마 뒤, 앤드류는 얼마든지 행사에 참가해도 좋다는 답장을 받았다.

****

졸업식 후, 앤드류는 고향 위테로 돌아가 잠시 머물렀다. 그리고 1955년 7월 15일, 암스테르담에서 바르샤바로 가는 기차를 탔다. 기차 안에는 공산당 선전물을 본 청년들이 빼곡하게 자리를 채우고 있었다. 그들 모두 새로운 미래에 대한 희망을 품고 있었다. 그렇게 많은 청년이 선전물을 보고 기차를 탄 것에 앤드류는 놀란 마음을 감출 수 없었다.

앤드류는 자신의 짐 가방을 옆에 두고 있었다. 그 안에 앤드류의 짐이라고는 옷 몇 벌밖에 없었고, 나머지는 하나님의 복음에 대한 소책자들로 가득했다. 당시 공산주의자들은 청년들의 관심을 끌기 위해 다양한 방법을 쓰고 있었다. 앤드류는 그것을 이용해 더 많은 청년에게 하나님을 알려야겠다고 생각했다. 이 방법이 맞는 것인지 확신은 없었지만, 시도는 해야 한다고 생각했다.

바르샤바에서 묵을 호텔에 도착한 앤드류는 체크인을 마

치고 바르샤바 시내를 돌아보기로 했다. 버스에 올라타서 창밖을 보며, 폴란드어로 대화를 나누는 사람들의 이야기를 들었다. 하지만 그는 그들의 대화를 전혀 알아들을 수 없었다. '폴란드어로 인사도 모르는데 이들에게 하나님을 어떻게 전하지?'

앤드류는 몇몇 폴란드 사람들이 독일어를 조금 하던 것이 생각나 독일어로 말을 건네 보기로 했다. 앤드류는 일어서서 버스의 좁은 통로를 지나 앞으로 나갔다. 흔들리는 버스 안에서 의자를 붙들고 간신히 중심을 잡고 섰다.

앤드류는 독일어로 크게 말하기 시작했다.

"저는 그리스도인입니다. 네덜란드에서 여기 폴란드까지 그리스도인 친구를 만나러 왔습니다. 저를 도와주실 수 있습니까?"

버스 안을 채우던 모든 소리가 잠시 멈췄다. 정적이 흘렀고, 어느 누구도 앤드류의 질문에 대답해 주지 않았다. 그러나 앤드류는 사람들이 자신의 말을 알아들은 것을 알 수 있었다. 바보가 된 것만 같은 느낌에 당황한 앤드류는 재빨리 자리에 다시 앉았다.

몇 정거장을 지났을 때였다. 어떤 중년 여성이 앤드류를 지나가며 조용하게 독일어로 성경책을 파는 기독교 서점 주소를 가르쳐 줬다. 앤드류는 여러 사람에게 물어물어 그녀가 가르쳐 준 기독교 서점을 겨우 찾을 수 있었다. 문은 잠겨 있었고, 두꺼운 창살이 창문을 가리고 있었다. 하지만 그 안으로 다양한 버전의 성경책이 보였다. 서점 문에는 안내문 같은 것이 붙어 있었다. 가게 주인이 7월 21일까지 휴가를 간다는 내용인 것 같았다. 그는 이 가게가 자신의 믿음의 여정 가운데 중요한 곳이 될 것이라고 직감했다. 앤드류는 무언가 그의 인생을 송두리째 바꿀 만한 큰일이 다가오고 있음을 느꼈다.

8. 하나님의 위대한 선물

공산당 청년 축제는 한창이었고, 7월 21일이 다가오고 있었다. 앤드류와 함께 축제에 초대된 다른 청년들은 공산화된 폴란드의 가장 아름답고 좋은 부분만 보게 됐다. 모든 일정은 정교하게 짜여져 있어서 참가자들은 공산주의에 대해 좋은 인상만 가질 수밖에 없었다. 그렇다 보니, 앤드류는 주최 측에서 소개하지 않은 바르샤바의 다른 모습들이 궁금해졌다.

어느 날 아침 새벽녘, 앤드류는 다른 사람들이 깨기 전에 바르샤바의 외곽으로 향했다. 그곳에는 폭격당한 건물들이 폐허가 되어 흉측한 모습으로 서 있었다. 그 아래에는 굶주리고 헐벗은 사람들이 배급 음식을 기다리고 있었다. 흙먼지와 오물들이 가득한 그곳에는 깊은 절망만 있었다.

호텔로 돌아간 앤드류는 참가자들과 다시 투어를 다니며 억지로 미소지어 보이려고 노력했다. 하지만 눈앞에 펼쳐지는 완벽하게 꾸며진 바르샤바의 모습과 새벽에 직접 목격한 바르샤바의 참혹한 모습에서 오는 괴리감은 견디기가 힘들었다.

****

주일이 됐다. 아주 큰 대형 경기장에서 열리는 대규모 공산당 청년 축제가 주말 행사로 예정돼 있었다. 앤드류는 다시 한 번 무리를 빠져나와 폴란드의 그리스도인들을 만나보기로 마음먹었다. 아직 이곳에 성경책을 구할 수 있는 서점이 있다면, 교회도 분명 찾을 수 있으리라 생각했다. 그는 친절한 택시 기사의 도움으로 공산당의 '철의 장막'에 가려진 바르샤바의 한 교회를 겨우 찾아낼 수 있었다.

놀랍게도 예배당은 사람들로 꽉 차 있었다. 앤드류는 폴란드어를 전혀 알아들을 수 없었지만, 그들이 얼마나 열정적으로 찬양하고 예배를 드리고 있는지 느낄 수 있었다. 예배가 끝난 후 문 앞에서 앤드류는 자신이 알아들을 수 있는 언어를 할 줄 아는 사람이 나타나 주기를 기다렸다. 공산주의 정부 아래에서 공산당이 선전하는 것처럼 교회가 정말 자유롭게 하나님의 뜻을 전파할 수 있는지 너무나도 궁금했다.

“우리 교회에 오신 걸 환영합니다. 여긴 어떻게 오셨나요?”

바로 뒤에서 그나마 친숙한 영어로 인사하는 소리가 들려왔다. 뒤돌아보니 교회의 목사님이 서 있었다.

앤드류는 반갑게 웃으며 자신을 소개했다.

“저는 네덜란드에서 온 그리스도인입니다. 이곳 그리스도인의 삶 가운데 하나님께서 어떻게 일하고 계시는지 알고 싶어서 찾아왔습니다. 제가 몇 가지 질문을 해도 괜찮을까요?”

“물론이죠. 저를 따라오세요.”

목사님은 앤드류와 함께 청년들이 있는 사무실로 갔다.

앤드류는 먼저 궁금했던 질문을 꺼냈다.

“이곳에서는 하나님께 자유롭게 예배드릴 수 있나요?”

“거의 그렇죠. 정치적인 문제를 이야기하지 않는다면요.”

“그럼 이곳에 있는 성도들은 공산당원들이기도 한가요?”

"물론입니다. 거의 모든 사람이 공산당원이죠."

"하지만 공산당의 사상과 믿음은 하나님의 말씀과 다른 것들이 많던걸요."

"때로는 더 큰 것을 위해서 우리의 믿음을 타협해야 할 때가 있죠. 우리가 어느 정도 포기하고 받아들이니, 이렇게나마 예배를 드릴 수 있게 됐습니다."

목사님의 답변을 들은 앤드류의 마음은 무거워졌다. '하나님의 말씀을 온전히 받들 수 없는 교회가 정말 예배의 자유가 있는 하나님의 성전인 걸까?'

그때 한 청년이 앤드류에게 물었다.

"네덜란드에서는 어떤 교회를 다니고 계시나요?"

"침례교회에 다니고 있습니다."

"그럼 여기 폴란드에 있는 침례교회에 한번 가 보시겠어요? 오늘 저녁에 예배가 있습니다."

청년의 제안에 앤드류는 힘차게 고개를 끄덕였다. 청년은 앤드류에게 교회 주소를 건네줬다.

청년의 도움으로 앤드류는 한 침례교회의 예배에 참석할 수 있었다. 낮에 방문한 교회보다 작고 낡은 교회였다. 외국인 선교사인 앤드류가 예배에 나타난 것을 보고 사람들은 그에게 설교를 부탁했다. 앤드류는 주저하지 않고 나섰다. 독일어를 할 줄 아는 여성이 나와 앤드류의 말을 통역해 사람들에게 전달해 줬다. 이 설교는 이후 앤드류가 철의 장막에서 천 번도 넘게 하게 될 설교의 첫 시작이 됐다.

****

7월 21일, 기독교 서점의 주인이 휴가에서 돌아오는 날에 앤드류는 그곳으로 향했다. 9시 정각에 나타난 주인에게 앤드류는 기쁘게 자기소개를 했다. 하지만 예상과는 달리 가게 주인은 심드렁하게 대답하며 앤드류에게 전혀 관심이 없다는 듯 굴었다.

성경책은 누구든 와서 볼 수 있었고, 그 작은 가게는 계속 사람들로 붐볐다. 하지만 어쩐지 말로 표현할 수 없는 긴장감이 맴돌고 있었다. 앤드류는 바르샤바 축제 내내 공산당에서 주장한 '종교의 자유'는 거짓된 말이 아닌가 의심이 들기 시작했다. 축제에서 보아온 화려하고 웅장한 선전용 건물들처럼 그저 말로만 자유를 말하는 듯 보였다. 폴란드 그리스도인의 삶은 그가 새벽에 목격한 주민들의 모습과 같이 절망적이고 처참해 보였다.

****

네덜란드로 돌아가는 날, 일찍 잠에서 깬 앤드류는 거리로 나가 벤치에 앉았다. 그리고 이번 여행에서 만난 모든 사람을 떠올리며 기도하기 시작했다. 해가 중천에 뜨고 앤드류가 기도를 마쳤을 때, 저 멀리서 음악 소리가 들려왔다. 길거리에는 공산당 청년 축제를 마치는 것을 기념하는 행렬이 지나가고 있었다. 수많은 청년이 줄을 맞춰 서서 노래를 부르고 구호를 외치며 지나가고 있었다. 그 광경은 앤드류에게 힘이 있고 생동감 넘치면서도 동시에 소름 끼치고 무섭게 느껴졌다.

"주님, 이들을 상대로 제가 어떻게 선을 행할 수 있습니까? 제가 비추는 작은 불빛이 이 끝없는 어둠을 어떻게 몰아낼 수 있을까요?"

앤드류는 조용하게 절규했다. 그의 물음에 답이라도 하듯, 바람 한 줄기가 불어와 앤드류의 무릎에 있던 성경책을 넘겼다. 앤드류는 넘어가는 책장들 위로 손을 가만히 올려봤다. 넘어가던 책장은 요한계시록에서 멈춰져 있었고, 앤드류의 손가락이 3:2을 가리키고 있었다.

"너는 일깨어 그 남은 바 죽게 된 것을 굳건하게 하라 내 하나님 앞에 네 행위의 온전한 것을 찾지 못하였노니"

요한계시록 3:2.

순간 앤드류는 하나님께서 자신에게 무슨 일을 맡기고자 하시는지 정확히 깨달을 수 있었다. 남은 생애 동안 이 '철의 장막' 뒤에서 투쟁하고 있는 그리스도인과 함께하라는 뜻이었던 것이다. 하지만 이는 결코 쉬운 일이 아니었다. 1955년 당시, 공산 국가에서 선교 활동을 펼치는 외국인 선교사는 단 한 사람도 없었다. 하지만 앤드류는 하나님의 부르심에 주저할 생각이 없었다. 오히려 하나님의 부르심에 응했다.

"네 주님, 제가 여기 있습니다. 저를 보내 주세요."

****

폴란드에서 돌아오는 기차가 소리를 내며 암스테르담 역으로 막 들어섰다. 앤드류는 최근 암스테르담으로 이사한 웨스트라 아저씨를 만나기로 했다. 웨스트라 아저씨와 아주머니는 전과 다름없이 앤드류를 기쁘게 반겨 줬다. 암스테르담에 새로 마련한 큰 집과 파란색 폭스바겐 차도 보여 줬다.

앤드류는 짐을 풀고 아저씨와 아주머니에게 폴란드에서 겪은 일들을 빠짐없이 이야기했다.

"이건 하나님께서 제게 명하신 일이에요. 그런데 아직 잘 모르겠어요. 저 혼자 어떻게 그들을 구할 수 있을까요?"

"그러게 말이다. 나도 네가 그런 큰 뜻을 품고 나아갈 힘이 있을지 잘 모르겠구나."

아저씨도 앤드류의 고민에 조심스레 대답했다. 그러자 아주머니가 허리에 손을 얹고 고개를 저으며 말했다.

"그게 무슨 소리예요. 그런 힘은 없죠! 앤드류, 우리가 가장 약한 순간이 하나님께서 능력을 보이시고 일하시는 때란다.

물론 너에게는 그런 큰일을 감당할 만한 힘이 없지. 그런 힘은 하나님께서 갖고 계신 거란다. 하나님께서 함께하실 텐데 뭐가 더 필요하겠니?"

앤드류는 웨스트라 아주머니의 말에 용기를 얻었다. 이후 그는 고향 위테로 다시 돌아와 간증을 해 달라는 요청에 모두 응했다. 1955년 당시에는 굳게 닫힌 철의 장막 뒤에 어떤 세상이 펼쳐지는지 모두가 궁금해하던 시절이었다. 앤드류는 그의 경험과 생각을 나눌 수 있어 행복했다. 그렇게 귀한 시간을 보내며, 앤드류는 하나님께서 앞으로 나아가야 할 방향을 보여 주시기를 바랐다.

****

하나님은 앤드류를 실망시키지 않으셨다. 앤드류가 할렘 Haarlem의 한 교회에서 간증을 하던 때였다. 예배당 뒤쪽으로 공산당원들이 보였다. 혹시 예배를 방해하러 온 것은 아닌지 걱정이 들었다. 다행히도 그들은 앤드류의 간증과 질의응답 시간까지도 조용히 듣기만 할 뿐이었다. 사람들이 모두 빠져나가고 그들 중 한 여성이 다가왔다.

"전 당신의 이야기가 매우 불쾌하네요."

"그랬다면 미안합니다. 저는 제가 겪은 경험과 제가 만난 진실을 나누고자 한 것뿐입니다."

"그건 진실이 아니죠! 당신은 그저 일부분만 왜곡해서 말하고 있잖아요."

그녀의 날카로운 목소리에 앤드류는 점점 흥미를 느꼈다.

"무슨 말씀이시죠?"

"당신은 다른 공산 국가들도 가 봐야 해요. 더 많은 사람도 만나 봐야 하고요. 그래야 당신이 우리를 제대로 이해하겠죠."

"제가 어떻게 하면 되죠?"

"난 네덜란드를 대표할 15명의 청년을 뽑아 체코슬로바키아를 4주간 여행할 수 있도록 도와주고 있어요. 당신은 교회를 대표하는 사람으로 참가하면 되겠군요."

그녀는 비아냥거리는 말투로 앤드류에게 엄청난 제안을 했다. 앤드류는 속으로 이 여행이 하나님의 뜻이라면 별다른 비용없이 갈 수 있게 해 달라고 기도했다.

"고맙습니다. 하지만 저는 여행 경비를 마련할 형편이 안 됩니다."

그러자 그녀는 눈살을 찌푸리며 말했다.

"당신에게는 돈을 받지 않겠어요."

앤드류는 놀라 크게 말했다.

"좋습니다. 떠나는 날은 언제인가요?"

****

체코슬로바키아 여행은 폴란드 여행과 매우 비슷했다. 함께 한 가이드는 가끔 앤드류를 의식해 공산 국가들이 얼마나 종교의 자유를 보장하고 있는지 강조하곤 했다. 그 가이드는 체코슬로바키아의 신학자들이 체코어 성경 번역을 마쳤다는 이야기도 해 줬다.

앤드류는 그 신학자들을 만날 수 있게 해 달라고 요청했고, 그들은 앤드류를 어딘가로 데려다 줬다. 그곳에는 침울해 보이는 사람들이 종이 더미가 잔뜩 쌓인 큰 책상 뒤로 서 있었다. 앤드류는 정갈하게 만들어진 새 성경책을 바라보며 물었다.

"이 성경은 아직 출판이 안 됐나요?"

"아직이요. 이미 몇 년 전에 다 완성이 됐지만 아직…."

신학자는 뒤에서 그를 쏘아보고 있는 가이드를 잠시 바라봤다. 이내 그는 고개를 떨군 채 말을 끝맺지 못했다.

"그럼 새 성경책이 나오기 전까지 사람들은 예전 성경책을 보는 건가요?"

그때 한 신학자가 앤드류의 곁에 몰래 다가와 속삭였다.

“여기엔 사람들이 마음껏 볼 수 있는 성경책이 없어요.”

신학자는 재빨리 자리로 돌아갔고, 가이드가 앤드류를 쳐다보며 말했다.

“이제 그만 가죠.”

가이드는 문 쪽으로 앤드류를 밀어내며 그 자리를 서둘러 뜨려고 했다. 그들은 호텔로 돌아오는 동안 아무 말도 하지 않았다. 하지만 앤드류는 이곳의 진실을 마주하고 말았다.

****

여행의 마지막 날, 앤드류는 혼자서 다른 곳들도 살펴보고 싶었다. 때마침 그날은 주일이었고, 앤드류는 체코슬로바키아의 교회들이 어떻게 예배를 드리고 있는지 궁금했다.

앤드류는 조심스레 계획을 세우고 버스에 올라탔다. 프라하 거리의 한 신호등 앞에 멈춰서 모두가 도시의 풍경을 구경하고 있을 때였다. 앤드류는 좁게 열린 버스 뒷문으로 슬쩍 빠져나왔다. 그리고 미리 봐두었던 교회를 향해 걸어갔다.

앤드류는 예배가 시작되는 것을 기다렸다가 예배당 뒤쪽으로 들어갔다. 몇몇 사람들이 찬송가를 머리 위로 높이 들고 있었다. 앤드류는 이 광경을 이해하지 못했다. 설교가 시작되자 이번에는 성경책을 갖고 있는 사람들이 머리 위로 높이 들고 있었다. 그제서야 앤드류는 그들의 행동을 이해할 수 있었다. 몇 개 없는 성경책과 찬송가를 옆 사람과 함께 보기 위해서 그랬던 것이다.

예배가 끝나고 앤드류는 그 교회의 목사님을 만났다. 몇 시간 동안 대화를 나누며 체코슬로바키아의 공산당이 교회를 어떻게 대해 왔는지 들을 수 있었다. 체코슬로바키아의 신학교 학생들은 모두 정부에서 뽑고 있었다. 목사님들은 두 달에 한 번씩 자격증을 정부로부터 다시 받아야 했지만, 정부에서는 별다른 이유 없이 발급해 주지 않는 경우도 많았다. 게다가 교회의 모든 설교는 미리 감시국의 승인을 받아야만 했다.

오후 예배 시간이 되자, 목사님은 한 가지 제안을 했다.

"저희 예배 시간에 한 말씀 부탁드려도 될까요?"

"정말 제가 설교를 해도 괜찮을까요?"

모든 이야기를 들은 앤드류는 걱정이 됐다.

"아, 저는 '설교'라고 하지 않았어요. 네덜란드에서 온 '반가운 소식'을 전해 주시면 좋겠어요. 물론 하나님으로부터 온 '반가운 소식'을 전해 주시는 거라면, 그것도 괜찮겠죠."

그렇게 통역사의 도움으로 앤드류는 '반가운 소식'을 교회에 전할 수 있었다. 이 방법은 성공적이었다. 앤드류와 그의 새로운 친구들은 이 같은 시간을 몇 번 더 갖기로 했다. 그날, 앤드류는 다른 교회를 다섯 군데나 들려 '반가운 소식'을 전했다. 장소는 달랐어도 모두가 하나님의 말씀에 목말라하고 있었다.

날이 어두워지기 시작하자, 앤드류는 마지막 교회를 방문하는 것에 대해 고민했다. 앤드류가 따라온 여행단에서 분명 그를 찾고 있을 것이었다. 하지만 그의 통역관이 되어 주던 의대생 안토닌Antonin이 간곡하게 부탁을 해왔다. 마지막 교회는 정말로 앤드류의 격려가 꼭 필요한 곳이라고 했다. 앤드류는 주저하지 않고 그를 따라나섰다.

교회는 젊은 청년들로 가득했다. 그들은 앤드류에게 서유럽에서 그리스도인들이 어떤 삶을 사는지 이런저런 질문을 쏟아 냈다.

“네덜란드에서는 기독교인도 직업을 가질 수 있나요?”

“교회를 다니려면 정부에 따로 보고를 해야 하나요?”

“믿는 사람도 학교에 다닐 수 있나요?”

앤드류는 청년들이 왜 이런 이상한 질문들을 하는지 몰라 당황했다. 안토닌은 곧 그 이유를 설명해 줬다. 체코슬로바키아 정부는 그리스도인들을 정부의 방침에 반대하는 사람들로 여기고 있었다. 때문에 그리스도인이라는 이유만으로 직장, 교육의 기회, 재산 등 모든 것을 빼앗길 수 있었다.

****

마지막 예배가 끝난 후, 안토닌은 앤드류를 호텔로 다시 데려다 줬다. 앤드류는 몰래 빠져나간 자신의 행동이 큰 문제로 번지지 않기를 원했다. 그때 앤드류의 등 뒤에서 가이드가 천둥 같은 소리로 고함을 지르고 있었다.

그리고 앤드류를 끌고 호텔 밖으로 나왔다. 밖에는 검정색 자동차 한 대가 기다리고

있었다. 운전기사는 앤드류와 가이드를 차에 타게 한 뒤 문을 잠가 버렸다.

가이드는 얼음장처럼 차가운 목소리로 쏘아붙였다.

“대체 어딜 갔었던 거죠? 당신은 우리 일행의 일정을 늦추게 만들고 피해를 줬어요.”

“죄송합니다. 어쩌다 보니 일행과 떨어지게 돼서 혼자 시내를 좀 돌아봤어요. 문제를 일으키려던 건 절대 아니었어요.”

하지만 가이드는 앤드류의 진심 어린 사과에도 화를 누그러뜨리지 않고 차갑게 말했다.

“여기 체코슬로바키아에서 더 이상 친절을 바라지 마세요. 당신의 비자는 바로 취소될 거예요. 이 나라에 다시는 발을 붙일 수 없다는 말이죠.”

****

다음 날, 앤드류는 다른 일행과 함께 체코슬로바키아를 떠났다. 그리고 앤드류의 비자는 정말로 취소됐고, 이후 앤드류가 비자 신청을 해도 바로 거절됐다.

앤드류는 네덜란드로 돌아와 다음 목적지를 어디로 해야 할지 고민했다. 여러 공산 국가에도 비자 신청을 해 봤지만, 늘 신청 서류나 절차가 까다로워 시간이 걸렸다. 하나님의 부르심을 향해 달려가는 바퀴가 겨우 움직이기 시작했지만, 앤드류는 초조해서 기다릴 수가 없었다. 결국 앤드류는 신문에 자신의 여정에 대한 글을 기고하기로 마음먹었다.

앤드류의 글이 실리고 몇 주 지나지 않아, 편지와 기부금이 네덜란드 전역에서 모여들기 시작했다. 사람들이 보내준 마음들은 앤드류가 앞으로 나아가는 데 큰 힘이 되어 줬다.

신문에 글을 기고하면서, 앤드류는 칼 데 그라프Karl de Graaf라는 사람을 만나게 됐다. 그는 네덜란드 아메르스포르트Amersfoort시에서 한 기도 모임을 이끌고 있었다.

어느 날, 칼이 연락도 없이 앤드류를 찾아왔다.

"어서 와요, 칼. 무슨 일로 이곳까지 오셨나요?"

"당신에게 운전을 가르치려고 왔어요."

칼은 뜬금없는 말을 내뱉었다.

"제가 운전을 배울 필요가 있을까요? 전 자동차를 살 형편도 안 되는걸요."

앤드류의 질문에 칼은 다시금 자신이 온 이유를 설명했다.

"하나님은 제게 왜 당신에게 운전이 필요한지는 말씀하시지 않았어요. 그저 당신에게 운전을 가르치라고만 말씀하셨죠."

이후 칼은 앤드류에게 운전을 가르쳐 주기 위해 몇 주 동안 계속 찾아왔다. 앤드류는 자신이 왜 운전을 배워야 하는지 알 수 없었다. 하지만 열심히 연습한 앤드류는 면허시험을 한 번에 붙을 수 있었다. 그리고 앤드류가 모르는 사이에 기적의 물결이 저 멀리서 다가오고 있었다.

9. 계속 이어진 기적

1956년 말, 헝가리 혁명을 시작으로 수많은 난민이 공산당을 피해 서유럽 국가로 피난 오기 시작했다. 국경을 따라 이들을 수용할 대형 임시수용소들이 자리를 잡았고, 동유럽권에서 넘어온 대다수의 사람이 그곳에 거주하고 있었다. 이때 난민수용소에서는 일할 자원봉사자를 모집하고 있었는데, 앤드류는 가장 앞장서서 자원봉사를 신청했다.

앤드류는 수용소에 도착해서 마주친 현실에 마음이 아파 왔다. 그곳에서는 머무를 수 있는 공간, 먹을 음식, 입을 옷 등 그 모든 것이 부족했다. 수용소 사람들은 그렇게 희망을 잃은 채 살아가고 있었다.

앤드류는 봉사활동도 하면서, 수용소 사람들을 모아 기도회와 작은 예배를 드리기 시작했다. 공산주의 사회에서 자라온 청년들은 성경책을 접하거나, 하나님의 사랑에 대한 복음도 들을 기회가 없었다. 그래서 앤드류는 성경공부 교실을 열고 사람들을 모았다. 그리고 하나님의 말씀 안에 담긴 희망과 사랑의 메시지를 전했다.

앤드류가 전하는 말씀 속에서 사람들의 삶은 점차 변화돼 갔다. 수용소 사람들은 자신이 하나님의 사람이라는 자신감을 갖게 됐다. 또한 하나님의 나라에 속해 있다는 소속감도 생겨났다.

하나님의 성령이 수용소 안의 사람들을 변화시키는 것을 직접 목격할 수 있는 것은 너무나도 감사한 일이었다. 하지만 앤드류는 보다 더 많은 사람, 특히 아직 공산 국가에 남아 있는 사람들에게까지 하나님의 말씀을 전하고 싶었다. 거짓과 허상으로 세워진 철의 장막 속으로 들어가야겠다는 생각이 점점 더 강하게 들었다.

그러던 어느 날 오후, 그 어느 때보다도 지친 하루를 보낸 앤드류에게 전보 하나가 왔다. 앤드류의 아버지가 정원에서 일하다 돌아가셨다는 소식이었다. 앤드류는 목구멍으로 차오르는 슬픔을 삼켰다. 아버지가 자신을 반기며 꾸짖고 놀리던 그 큰 목소리가 귓가에 들리는 듯했다. 앤드류는 지난 추억의 그리움과 슬픔을 안고 곧장 위테로 가는 기차에 몸을 실었다.

장례식은 작지만 엄숙했다. 아버지는 위테의 작은 공동묘지 뜰 안에 있는 어머니의 옆자리에 모셔졌다.

며칠 뒤, 앤드류는 서독으로 돌아가 새로운 열정을 품고 다시 일하기 시작했다. 그들에게 앤드류가 해 줄 수 있는 일은 하나님의 사랑과 은혜에 대한 약속의 말씀을 전달하는 것뿐이었다. 앤드류는 이 황무지 같은 곳에서 하나님의 영광을 드러낼 수 있도록, 하나님의 지혜와 힘을 매일 간절히 기도하며 구했다. 그리고 하나님께서 또 다른 길을 알려주시고 열어 주실 때까지 난민수용소에서 맡겨진 일들을 성실히 감당하면서 바쁘게 지내기로 마음먹었다.

하루는 앤드류가 서독 수용소 근처에 있는 유고슬라비아 영사관에서 설교를 하게 됐다. 앤드류는 그동안 유고슬라비아에 가기 위해 비자를 신청했지만, 매번 거절당하고 있었다. 그래서 이번에도 승인이 나지 않을 것이라고 생각하고 있었다. 그러나 담당관을 만나러 갔을 때, 앤드류는 흥분에 휩싸였다.

"축하합니다, 선생님. 선생님의 비자가 드디어 승인이 났네요. 부디 유고슬라비아에서 좋은 시간 보내길 바랍니다."

비자 담당관이 미소를 지으며 서류를 내어 줬고, 앤드류는 활짝 웃으며 서류를 받았다. 앤드류는 누군가와 이 기쁜 소식을 나누고 싶어서 바로 웨스트라 아저씨에게 전화를 했다.

"안녕하세요, 아저씨! 저예요, 앤드류!"

"그래, 앤드류구나!"

"기쁜 소식이 있어요. 제 유고슬라비아 비자가 방금 승인이 났어요. 드디어 제가 철의 장막으로 선교를 하러 갈 수 있게 됐어요!"

"오, 주님. 그럼 넌 이제 네 열쇠를 챙기러 우리집에 와야겠구나."

"열쇠라뇨?"

당황한 앤드류의 목소리에 아저씨는 크게 웃으며 말했다.

"그래, 네 열쇠 말이야. 우리 폭스바겐 차를 너에게 줄 거란다. 이전부터 너가 철의 장막으로 가게 되면 선교에 쓰라고 내 차를 주려고 했단다."

"하지만 아저씨…."

"거절할 생각 따위는 하지도 말거라. 우린 하나님의 뜻에 따르는 것뿐이야. 그러니 잔말 말고 와서 차 열쇠나 챙겨 가렴!"

그제야 앤드류는 하나님의 큰 계획을 알 수 있었다. 칼이 운전을 가르쳐 준 것은 앤드류가 받게 될 '인생 최고의 선물'에 대한 준비였던 것이다. 앤드류는 웨스트라 아저씨의 폭스바겐을 운전해서 암스테르담을 빠져나올 때, 말할 수 없이 크나큰 감사와 감동을 느꼈다. 하나님은 늘 앤드류보다 앞서서 계획하고 계셨다.

1957년 3월, 앤드류는 유고슬라비아로 떠날 계획을 세웠다. 그는 유고슬라비아 말로 된 성경책과 전도지를 되는 대로 쓸어 모아 차 안 곳곳에 숨겨 넣었다. 그래야 성경책이 금지된 국가에 입국할 때 문제가 없을 터였다. 모든 준비를 마치고 난 후, 앤드류는 다시 한번 하나님의 기적을 기다렸다. 앤드류에게는 무엇보다도 선교 여행 비용이 필요했다.

암스테르담을 떠나기 전, 앤드류는 칼을 만나러 갔다. 비자를 받고 차를 선물로 받아 여행을 준비하기까지 경험한 기적의 순간들을 전부 나누고 싶었다.

그런데 칼은 차를 몰고 온 앤드류를 보고 놀라기는커녕 봉투 하나를 내밀었다.

“하나님께서 당신에게 재정적인 도움이 필요하다고 말씀해 주셨어요. 그래서 이렇게 조금이나마 모아 봤습니다.”

앤드류의 눈에는 감사의 눈물이 고였다. 하나님의 선하심과 많은 사람의 도움으로 그의 마음은 희망으로 가득 찼다.

앤드류는 가족들과 친구들에게 작별인사를 한 후, 유고슬라비아 국경을 향해 출발했다. 국경에 가까워질 때쯤이 돼서야 실감이 나는 듯했다. 물론 공산 국가를 방문하는 것이 처음은 아니었다. 하지만 이번 여행은 앤드류 혼자였다. 혹시 법을 어긴 일이 발각된다면, 어딘가에 끌려가 감옥에 갇히거나 죽임을 당할지도 모르는 일이었다.

****

1957년, 당시 유고슬라비아는 외국인들이 개인 물건 이외에 그 어떤 것도 갖고 들어갈 수 없었다. 특히 성경책은 가장 금지된 물건 중 하나였다. 국경에 가까워질수록 앤드류는 마음을 졸이며 기도했다.

"주님, 주님의 뜻에 따라 이 나라에 하나님의 말씀을 전하려고 달려왔습니다. 하나님의 도우심이 절실히 필요합니다. 당신이 이 땅에 계실 적에 눈먼 사람의 눈을 뜨게 하셨습니다. 지금 이 시간, 저 초소를 지키는 사람들의 눈을 가려 주소서. 그래서 당신의 자녀들에게 당신의 말씀을 전할 수 있게 제발 도와주소서."

초소에 도착하자, 지루한 표정의 두 경비병이 앤드류를 맞았다. 경비병 중 하나는 앤드류의 여권과 입국서류를 살펴봤고, 다른 하나는 앤드류 차 안을 뒤적거렸다. 앤드류는 숨을 멈췄다. 잘 접어둔 텐트와 침낭 안쪽으로는 성경책들이 숨겨져 있었다. 갑자기 차 안을 훑어보던 경비병이 시선을 돌렸다.

"저 옷 가방 좀 꺼내서 열어 봐 주시죠."

앤드류는 긴장감에 속이 메슥거렸다. 옷 가방 안에는 성경책과 전도지가 잔뜩 숨겨져 있었다. 앤드류는 하는 수 없이 바닥에 가방을 내려놓고 펼쳐 보였다. 경비병은 제일 위에 있는 옷가지들을 끄집어내며 가방 안을 살펴보기 시작했다.

“여기 날씨는 무척 건조하네요. 제 고향은 비가 꽤 오는 편인데 말이죠.”

앤드류는 네덜란드의 축축하고 습한 날씨에 대해 수다를 떨기 시작했다. 경비병 중 하나는 앤드류의 이야기에 완전히 몰입했다. 가방을 뒤적거리던 다른 경비병을 슬쩍 보니, 그도 앤드류의 이야기를 듣고 있는 것 같았다.

얼마 뒤, 가방을 뒤지던 경비병이 일어서며 말했다.

“됐습니다. 이제 그만 가 보시죠. 유고슬라비아에서 즐거운 시간 보내길 바랍니다.”

경비병의 환대를 들으며, 앤드류는 가방을 챙겨 차에 도로 집어넣었다. 여권을 돌려받고서 경비병에게 감사인사도 했다. 그리고 하나님의 보호하심에 감사하며 재빨리 초소를 빠져나왔다.

앤드류는 유고슬라비아에 있는 자그레브Zagreb라는 도시로 향했다. 그곳에는 성경책을 파는 자밀Jamil이라는 사람이 살고 있었다. 앤드류는 네덜란드를 떠나기 전에 자밀에게 자신이 그곳으로 여행을 간다는 편지를 보냈다.

그 편지가 검열에 걸리지 않고 무사히 도착한 지는 알 수 없는 일이었다. 그러나 앤드류는 하나님께서 분명 자밀을 만날 수 있게 기적을 보이실 것이라 믿었다.

하지만 자밀의 집에 도착한 앤드류는 발걸음을 옮겨야 했다. 자밀은 이미 이사하고 그곳에 없었다. 그의 옛집에 살고 있는 사람들도 그가 어디로 이사했는지 몰라, 앤드류의 편지를 우체국으로 다시 보냈다고 했다. 앤드류가 자밀을 찾아 헤매는 동안, 편지는 기적처럼 자밀이 살고 있는 집으로 배달이 됐다. 심지어 앤드류가 자그레브로 도착한 그날에 벌어진 일이었다. 자밀은 편지를 받고 앤드류에게 연락할 방법이 없어 고민하고 있었다. 그저 하나님께서 그가 예전에 살던 아파트로 가 보라고 하시는 것만 같아 그곳에 가던 참이었다. 자밀이 예전에 살던 곳을 걷고 있을 때, 네덜란드 번호판을 단 폭스바겐이 눈에 띄었다. 자밀은 놀라서 멍하니 쳐다봤다.

차에서 내리는 앤드류에게 자밀이 다가가 물었다.

"혹시 앤드류 씨인가요?

"네, 그렇습니다."

"제가 자밀입니다."

자밀은 환한 미소와 함께, 앤드류의 손을 힘차게 흔들었다.

"하나님께서 이렇게 저희 둘을 만나게 하려고 하신 그 모든 일은 아마 아무도 믿지 못할 겁니다."

자밀과 앤드류는 그간의 일을 나눴다. 그리고 두 사람은 유고슬라비아 사람들에게 '반가운 소식 전하기' 계획을 세웠다. 며칠이 지나고 앤드류는 자밀이 소개해 준 통역관인 니콜라 Nikola와 함께 유고슬라비아의 시골로 향했다.

유고슬라비아에서 7주간의 시간을 보내며, 앤드류는 80여 개의 모임에 참가했다. 그는 특별한 제재없이 그런 자유를 누리고 있는 것이 놀랍기만 했다. 하지만 사람들을 만나면 만날수록, 이 나라의 정부가 그리스도인을 얼마나 교묘하게 무너뜨리고 있는지 알게 됐다.

한번은 앤드류와 니콜라가 마을을 둘러보던 중에 학교에 있어야 할 소녀가 길거리에 있는 것을 봤다. 그녀의 어머니에게 물어보니, 아이가 집에서 하던 대로 학교에서 점심 식사 기도를 했다가 쫓겨났다고 말했다. 아이가 악마에 사로잡혀서 다른 아이들에게 나쁜 생각을 심어 준다는 이유였다. 이 같은 일들은 유고슬라비아 내에서 흔하게 벌어지고 있었다.

****

어느 주일 아침, 마케도니아Macedonia의 한 작은 교회에서 앤드류와 니콜라는 오전 10시에 모임을 갖기로 약속돼 있었다. 도착했을 때, 교회는 텅 비어 있었다. 두 사람은 11시까지 기다려 봤지만, 아무도 나타나지 않았다. 그때 한 마을 사람이 다가와서 물었다.

"네덜란드에서 오신 목사님인가요?"

"네, 그렇습니다."

남자는 앤드류가 대답하자마자 웃으며 그의 손을 잡고 힘차게 악수했다.

"와 주셔서 너무 감사합니다. 하나님의 은혜가 목사님과 목사님의 여정에 늘 함께하기를 소망합니다."

그 한마디를 끝으로 남자는 사라졌다. 앤드류와 니콜라는 너무 당황해 서로 멍하니 바라보기만 했다. 두 사람이 차에 올라탈 때, 또 다른 마을 사람이 다가와 앤드류에게 네덜란드에서 온 목사님인지를 물었다. 앞선 사람처럼 이번에도 남자는 앤드류에게 감사 인사를 전하고 사라졌다. 앤드류는 이내 그들의 행동을 알아차리고 웃음 지었다. 그것은 바로 새로운 방식의 교회였던 것이다. 이후 45분간 거의 모든 마을 사람이 앤드류의 차를 지나가며 똑같은 인사를 반복했다. 그들의 믿음이 탄압에 굴복하지 않았음을 보여 준 것이다(편집자 주: 공산당은 이 교회에서의 모임을 금했기 때문에, 성도들이 주일 10시에 모여서 예배드릴 수 없었다. 하지만 그들은 외국인 설교자에게 차례로 다가와서 인사함으로 하나님을 향한 믿음이 살아 있음을 보여 주고자 했다).

그로부터 며칠 뒤, 앤드류는 또 다른 곳에서 저녁 예배에 참석해 말씀을 전하기로 되어 있었다. 그 교회의 목사님은 앤드류와 니콜라를 집으로 초대해 저녁 식사를 대접했다. 예배는 저녁 8시에 시작하기로 되어 있었고, 교회는 목사님 집 바로 앞에 있었다. 앤드류는 7시 55분쯤 교회로 가기 위해 준비하고 일어섰다. 그런 앤드류를 목사님이 막아섰다.

"아직입니다."

8시 15분이 돼도 목사님은 여전히 교회에 갈 생각이 없어 보였다. 시간이 흘러 8시 30분 즈음, 목사님은 창문 밖을 확인하더니 웃으며 말했다.

"자, 가시죠. 이제 날이 어두워졌으니 사람들이 교회로 올 겁니다. 교회 가는 것을 법으로 금지하고 있지는 않지만, 조심은 해야죠."

목사님은 앤드류와 니콜라를 데리고 교회로 향했다. 사람들은 2-3명씩 짝을 지어 오고 있었는데, 모두들 고개를 푹 숙이고 있었다. 하지만 교회 안에서만큼은 비밀스럽게 행동하지 않아도 됐다. 높이 달린 전등은 예배당을 따뜻하게 비추고 있었다. 그날 밤에는 200여 명이 넘는 사람들이 앤드류의 설교를 들으려고 모였다. 그중 85명의 성도들은 자신의 삶을 주님께 드리겠다고 신앙고백을 했다.

얼마 뒤, 앤드류와 니콜라는 유고슬라비아 수도인 베오그라드Beograd에 도착했다. 어느 교회를 가든 예배당은 사람들로 늘 가득 차 있었다. 어떤 곳은 교회 문까지 통째로 뜯어내어, 사람들이 앤드류의 이야기를 더 잘 들을 수 있도록 했다.

예배가 끝나갈 무렵, 앤드류와 니콜라는 신앙고백 시간을 가졌다. 하나님 앞에 삶을 드리고자 하는 사람이 있다면 손을 들어 보라고 했다. 그 말에 예배당에 있는 모든 사람이 손을 들었다. 앤드류는 이들이 자신의 삶을 드린다는 의미를 가볍게 생각한 것은 아닌가 싶었다. 그래서 이번에는 손을 드는 것이 아니라 자리에서 일어나 줄 것을 부탁했다. 그러자 정말 놀라운 일이 벌어졌다. 예배당에 있는 사람들 중 자리에 앉아 있는 사람은 단 한 명도 없었다. 앤드류는 기뻐하며, 성도 한 사람 한 사람에게 항상 하나님 앞에서 기도하며 성경을 묵상하라고 권했다.

그때 목사님이 옆으로 다가와 슬픈 목소리로 말했다.

"기도에 관한 이야기에 큰 은혜를 받았습니다. 하지만 성경을 묵상하라는 건 우리 성도들에겐 굉장히 어려운 일입니다. 대부분 성경책을 갖고 있지 않거든요."

앤드류는 깜짝 놀라고 말았다. 시골이라면 몰라도 베오그라드 같은 큰 도시에서 성경책을 구할 수가 없다는 사실이 믿기지 않았다.

앤드류는 성도들을 향해 물었다.

"여러분들 중 몇 분이나 성경책을 갖고 있나요?"

손을 든 사람은 단 7명뿐이었다. 앤드류는 깊은 절망감을 느꼈다. 앤드류가 가져온 성경책은 이미 다 나눠 주고 없었고, 이곳 사람들은 하나님의 말씀에 목말라하고 있었다. 예배가 끝난 후 앤드류, 니콜라, 목사님은 둘러앉아 성경책을 나눠 볼 수 있도록 하기 위해 계획을 세웠다. 또한 모든 사람이 하루에 몇 시간씩은 볼 수 있도록 성경공부 일정을 만들었다.

이 해결책은 어느 정도 효과는 있었지만, 충분하지 않았다. 앤드류는 베오그라드를 떠나며 깊은 사명감을 느꼈다. 성경책을 원하는 모든 사람의 손에 쥐여주는 날까지 이 선교를 멈추지 않겠다고 하나님과 약속했다. 그리고 이 철의 장막을 몇 번이라도 넘어서 어둠 속에 있는 사람들에게 하나님 말씀의 빛을 비추겠다고 다짐했다.

10. 미래의 문턱 앞에 선 자

파란색 폭스바겐을 타고 유럽 대륙을 누비는 앤드류의 머릿속에는 수많은 생각이 스쳐 지나갔다. '출판의 자유가 없는 나라에 성경책을 어떻게 운반할 수 있을까? 그 모든 역경과 고난 앞에서 싸우고 있는 목회자들에게 어떻게 힘이 되어 줄 수 있을까?'

선교 여행을 마치고 위테에 돌아온 앤드류는 그동안 여행을 하며 겪은 일들을 알리는 데 최선을 다했다. 강연과 간증 요청이 오는 곳은 어디든 찾아갔다. 잡지나 신문사에 글을 써 보내기도 했다. 최대한 많은 사람에게 공산주의의 현실을 알리려고 노력했다. 앤드류는 이렇게 바쁜 나날을 보내고 있었지만, 알 수 없는 외로움이 그를 괴롭혔다.

****

앤드류는 하나님께 동반자가 될 아내를 만나게 해 달라고 기도했다. 기쁜 일에는 함께 기뻐하고, 슬픈 일에는 함께 슬퍼해 줄 수 있는 사람이 필요했다. 1957년, 앤드류는 하나님께 다시 한번 기도했다. 처음에는 하나님께서 전혀 응답하시지 않는 듯했다. 그러나 그해 9월, 하나님께서 앤드류의 마음속에 한 사람을 떠올리게 하셨다. 바로 코리 반 담이었다.

앤드류는 곧장 그녀가 살았던 알크마르로 달려갔다. 하지만 어디에도 그녀는 없었다. 앤드류는 옛 직장인 링거 초콜릿 공장을 찾았다. 그리고 공장 사장님을 통해 그녀가 할렘에 있는 세인트 엘리자베스St. Elizabeth 병원에서 간호사 수습생으로 일하고 있다는 사실을 들을 수 있었다.

할렘으로 향하며 앤드류는 간절하게 코리를 만날 수 있기를 바랐다. 하지만 앤드류는 세인트 엘리자베스 병원에서도 그녀를 만날 수 없었다. 때마침 코리는 아버지가 매우 위독하셔서 알크마르로 병간호를 하러 가 있었다. 앤드류는 다행히 코리의 할렘 집 주인 덕분에 코리 부모님의 집 주소를 알 수 있었다.

코리 부모님의 집에 도착한 앤드류는 떨리는 가슴을 안고 문을 두드렸다. 문이 서서히 열리고 눈앞에 코리가 드디어 나타났다. 그녀는 예전에 만났던 모습보다 훨씬 더 아름다웠다.

"아버지가 많이 아프시다고 들어서 병문안을 왔어요."

코리는 웃으며 앤드류를 아버지가 있는 방으로 안내했다. 그 뒤로 앤드류는 종종 코리의 집을 찾았다. 대부분의 시간을 코리의 부모님과 시간을 보내기는 했지만, 첫인사와 작별인사 때 앤드류는 코리와 단둘이 짧지만 대화할 수 있었다. 이 시간은 너무도 달콤한 시간이었다. 앤드류는 그녀가 자신의 배우자가 될 것이라고 믿었다. 다만 그녀에게 프러포즈를 하는 것을 상상하기 어려웠다. 자신이 누군가에게 그 어떤 것을 약속할 수 있을까? 가진 것도 없고, 언제고 철의 장막 뒤 감옥에 끌려갈지도 모르는데 말이다.

그러던 중, 헝가리에서 비자가 승인됐다는 편지를 받게 됐다. 이번이 코리에게 프러포즈할 완벽한 기회였다. '일단 코리에게 결혼해 달라고 말하자. 그녀의 답변은 헝가리에서 돌아와서 듣도록 하자.' 앤드류는 헝가리를 다녀와서 코리로부터 듣는 답변이 하나님의 뜻이라고 생각하기로 했다.

앤드류는 설레는 마음으로 알크마르로 향했다. 한껏 상기된 얼굴로 코리 집 초인종을 눌렀다. 하지만 코리는 앤드류의 행복한 모습과 반대로 지친 모습이었다. 울음을 가까스로 참느라 붉게 상기된 얼굴에 눈물이 그렁그렁한 눈을 보고 앤드류는 직감할 수 있었다. 그녀의 아버지가 세상을 떠난 것이다.

지금은 때가 아니었다. 앤드류는 자신의 마음을 알리는 것을 나중으로 미뤘다. 지금은 그녀가 아버지의 죽음을 충분히 슬퍼하고 가족들과 서로 위로할 시간을 줘야 할 때였다. 그로부터 3주 동안 앤드류는 헝가리어 성경책과 전도지를 쓸어모았다. 그리고 그의 자동차 안에 책자들을 꼼꼼하게 숨겼다.

앤드류가 헝가리로 떠날 즈음, 앤드류와 코리는 근교로 드라이브를 나갔다. 달이 비치는 운하 길 옆에 차를 세우고, 한참을 조용하게 달빛에 반짝이는 운하를 바라봤다.

앤드류가 마침내 입을 열었다.

"코리, 당신을 사랑해요. 당신이 나의 아내가 되어 주기를 원해요. 내 삶은 절대 평온하지 않을 거예요. 아마 내 아내의 삶은 더하겠죠. 하지만 당신이 내 청혼을 받아 줬으면 좋겠어요."

****

그로부터 며칠 뒤, 앤드류는 헝가리로 떠났다. 코리는 앤드류가 돌아왔을 때, 청혼에 대한 대답을 해 주겠다고 약속했다.

차를 타고 달릴수록, 앤드류는 이전보다 더 외로워진 느낌이 들었다. 자신을 기다리는 누군가가 있다는 생각은 앤드류의 여행을 더욱 힘들게 했다. 그런 생각들을 하며 앤드류는 헝가리 국경을 무사히 통과했다.

헝가리에 도착한 후 어느 점심때였다. 다뉴브Danube 강 근처에 차를 세운 앤드류는 점심 먹을 준비를 했다. 그때, 멀리서 작은 보트 하나가 앤드류를 향해 달려오고 있었다. 보트가 가까워질 무렵, 군인 하나가 앤드류를 향해 총을 겨누고 있었다. 앤드류는 속이 뒤집히는 것만 같은 느낌이 들었다. 숨은 점점 가빠왔다. 앤드류는 조용히 속으로 기도했다.

보트는 결국 강가에 닿았다. 군인들은 보트에서 내려 앤드류의 차를 향해 걸어왔다. 앤드류는 차가 있는 쪽으로 고개도 돌리지 않고, 점심 만들기에 열중하는 척했다. 그리고 네덜란드어로 군인들에게 접시를 내어 주며 점심을 함께 먹자는 몸짓을 보였다. 군인들은 고개를 가로젓고서 앤드류의 차를 뒤져보기 시작했다.

상을 다 차린 앤드류는 잠시 머뭇거렸다. 이 순간에 식사 기도를 해야 하는 걸까? 하지만 자신이 처한 상황 때문에 식사 기도를 안 하는 것은 스스로가 허락할 수 없는 일이었다. 앤드류에게는 군인들이 무슨 짓을 할지 모르는 이 순간보다 위기 앞에 타협하는 것이 더 힘든 일이었다. 하나님께서 주신 용기로 앤드류는 크게 숨을 한 번 내쉬고서 두 손을 모아 네덜란드어로 기도하기 시작했다.

앤드류가 기도하는 동안, 차를 검문하던 군인들이 조용해졌다. 기도가 끝나자, 차 문이 쾅 닫히는 소리가 들렸다. 그리고 군인들은 타고 온 보트로 돌아가더니 강 건너로 사라졌다. 앤드류는 안도의 한숨을 내쉬며 재빨리 늘어놓은 물건들을 챙겨 그 자리를 벗어났다.

****

헝가리의 수도 부다페스트Budapest에 도착한 앤드류는 아름다운 옛 도시의 모습과 헝가리 혁명으로 생긴 상처가 대비되는 모습에 마음이 아팠다. 앤드류는 이곳에서 B교수라는 사람을 만나게 됐다. 그는 명문 학교에서 유명한 선생님이자 독실한 그리스도인이었다. 몇 년간 B교수는 신앙과 사회적 지위 사이에서 끊임없이 갈등하고 있었다. 하지만 앤드류와 만나고 모든 것이 바뀌었다.

"제가 헝가리에 있는 동안 통역을 좀 부탁드리고 싶습니다. 위험한 일이고, 선생님께서 가지신 모든 것을 포기해야 할지도 모릅니다. 거절하셔도 충분히 이해합니다."

앤드류의 말에, B교수는 그의 어깨에 손을 올리며 답했다.

"물론 제가 통역관이 되어 드리죠. 저들이 언젠가는 저의 모든 걸 빼앗아 가지 않겠습니까? 하나님을 위해 제가 먼저 내려놓을 겁니다."

두 사람은 굳게 악수를 하고 이 암흑과의 전쟁을 함께할 친구가 되기로 했다. 곧 앤드류는 B교수를 길가에 세워둔 자신의 차로 안내했다. 그리고 차에 숨겨둔 성경책을 보여 줬다. B교수는 놀라서 눈을 동그랗게 떴다.

"대체 몇 권이나 갖고 오신 겁니까?"

"저 안쪽까지 꽉꽉 채워서 숨겨놨습니다."

"이건 기적이에요. 성경책 하나 없이 예배드리는 교회가 정말 많습니다. 이 나라에서 성경책을 나눠 주고 말씀을 전하려면 바쁘시겠어요. 하지만 매우 위험한 일이라는 걸 늘 기억하세요."

B교수는 헝가리 정부가 그리스도인들을 주시하고 있다고 설명해 줬다. 많은 목사님이 감옥에 가야 했고, 공산주의 정부에 반대하는 낌새가 조금이라도 있다면 모두 처형되거나 교회 문을 닫아야 했다.

"많은 교회가 정부와 타협했죠. 몇몇은 끝까지 저항하기도 했지만, 큰 대가를 치러야 했습니다."

앤드류는 교회들이 공산주의와 타협해서 살아남고 있다는 현실에 그저 주저앉고만 싶었다. 하지만 B교수가 새로운 복음전도 방법을 알려 주며 앤드류에게 희망을 줬다.

"오늘 오후에 결혼식 하나만 인도해 주시죠."

"결혼식이요? 제가 하던 일이 아닌걸요."

B교수는 웃으며 말했다.

"선교사님이 그동안 보셨던 결혼식과는 조금 다를 겁니다. 선교사님 차례가 오면 신랑 신부에게 축하 인사를 몇 마디 해 주세요. 그리고 나서 구원에 대한 메시지를 전하는 겁니다!"

"결혼식에서요?"

"사람들이 결혼식이나 장례식이 아니면 교회에 오기를 두려워하니까요. 게다가 정부가 그런 행사만큼은 방해하지 않죠. 그래서 결혼식이나 장례식이 있으면, 우리는 그걸 복음을 전할 창구로 활용하고 있습니다."

B교수가 말한 방식은 앤드류가 체코슬로바키아와 유고슬라비아에서 썼던 '반가운 소식 전하기'와 같은 방법이었다. 결혼식 후, 앤드류는 B교수에게 '반가운 소식 전하기'에 대해서 알려 줬다.

B교수의 얼굴이 갑자기 환하게 밝아지며, 거의 소리치다시피 말했다.

"합시다! 제가 자리를 만들어 보죠."

그날 밤, 앤드류와 B교수는 부다페스트의 한 큰 교회에서 첫 집회를 가졌다. 그다음 날에는 다른 교회에서 비슷한 형태의 집회를 열었다. 매일 밤 예배가 끝날 무렵, 다음 날 있을 집회 장소와 시간을 알려 줬다. 사람들은 앤드류의 설교를 듣기 위해 미리 줄을 서기 시작했다. 너무 기쁜 일이었지만, 앤드류와 B교수는 사람들이 몰려드는 것이 점점 걱정되기 시작했다.

그래서 앤드류와 B교수는 집회 장소와 시간을 공지하는 대신, 그저 다음 집회가 있을 것이라고만 이야기했다. 그리고 당일 오후, 연락망을 이용해 사람들에게 모일 장소와 시간을 알렸다. 앤드류는 하나님의 말씀을 듣고자 하는 사람들이 예배당을 꽉 채우고 있는 것이 정말 감사했다. 그러나 언제든 비밀경찰에게 발각될 수 있기에 항상 조심해야 했다.

그러던 어느 날 밤, B교수는 앤드류에게 조용히 말했다.

"그들이 왔습니다. 저를 따라오세요."

두 사람은 강단을 내려와 목사님의 집무실로 들어갔다. 거기에는 이미 비밀경찰 2명이 앤드류와 B교수를 기다리고 있었다. 비밀경찰은 앤드류와 B교수를 마구 몰아붙이며 질문한 뒤, 다음 날 경찰서로 출석하라는 통지서를 던지고 갔다.

다음 날 아침 9시, 앤드류와 B교수는 경찰서로 갔다. B교수는 이미 학교에서의 일들로 경찰서 사람들과 조사 과정에 대해 꽤 많이 알고 있었다.

"경장 정도 낮은 계급의 사람을 보는 거라면 상황이 나아질 수도 있을 텐데요. 안타깝게도 우린 부장을 만나는 거 같네요."

두 사람은 대기실에서 3시간을 기다려야 했다. 점심시간이 되기 바로 전, 한 직원이 나타나 그들을 긴 복도로 다시 안내했다. 그리고는 경장이 있는 사무실 앞에 데려다 놓았다.

"원래 부장님을 뵈야 하는데 지난밤에 매우 아프셨어요. 그래서 대신 경장님을 보게 될 겁니다."

앤드류와 B교수는 안도의 시선을 나눴다. 20분 정도 후에 두 사람은 자유의 몸으로 풀려났다. 그저 협박과도 같은 경고를 받았을 뿐이었다. 늘 그래왔듯이 이번에도 하나님께서 도우신 일이었다.

부다페스트에서 더 이상 집회를 하기 어려운 상황이 되면서 앤드류와 B교수는 선교 여행의 마지막 몇 주간을 헝가리의 동쪽 지역에서 보내기로 했다. 또 비밀경찰에게 걸리는 것을 막기 위해, B교수는 앤드류에게 다른 사람을 통역관으로 보내 줬다. 다행히 헝가리 동쪽 지역 선교 여행은 잘 진행됐다. 사람들은 앤드류의 이야기를 듣기 위해 구름처럼 몰려들었다.

헝가리를 떠나기 위해 다시 부다페스트로 돌아왔을 때, 앤드류는 B교수와 그의 아들 야노스Janos를 만났다. 야노스는 미래가 창창한 젊은 변호사였다. 앤드류는 두 사람을 보며 그들의 미래에 대한 걱정을 접기로 했다. 그리고 그들 부자와 작별인사를 나누고 서로의 앞날을 축복하면서 헤어졌다.

이후 한 친구가 헝가리에서부터 B교수의 편지를 앤드류에게 전달해 줬다. B교수와 야노스는 직장에서 쫓겨나 일자리를 잃게 됐고, 가진 재산도 전부 잃게 됐다고 했다. 하지만 두 사람 모두 후회하는 마음 없이 감사한 마음뿐이라고 했다. B교수의 편지에는 이렇게 적혀 있었다.

주님을 위해서 더 많은 것을 희생한 사람도 있죠. 우리의 상황에 슬퍼하지 마세요, 형제님. 우리는 찬양받아 마땅하신 하나님을 위해 이 고통도 감내할 것입니다.

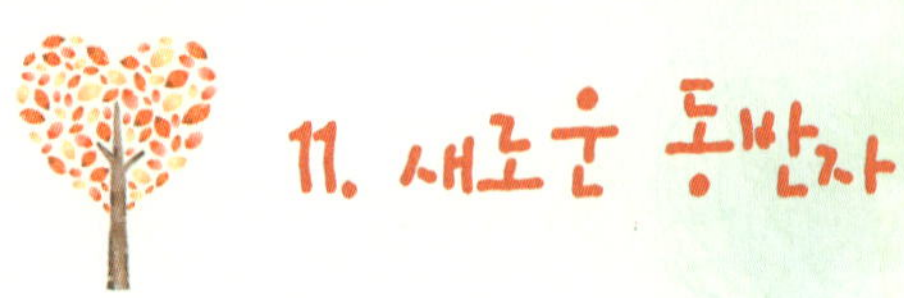

11. 새로운 동반자

앤드류의 파란색 폭스바겐 자동차가 네덜란드를 향해 빠른 속도로 달리고 있었다. 앤드류의 마음은 기대감으로 점점 부풀어 오르고 있었다. 그는 코리가 과연 자신의 청혼을 받아들여 줄 것인지 궁금해서 참을 수가 없었다.

앤드류는 그대로 코리가 일하고 있는 병원으로 내달렸다. 마침 코리는 길고 지쳤던 업무를 마치고 퇴근하던 길이었다. 병원 문 앞에서 기다리고 있는 앤드류를 보자 코리의 얼굴에 피곤했던 기색이 싹 사라졌다.

"코리, 당신이 내 청혼을 받아 주는 것과 상관없이 당신을 사랑해요."

코리는 앤드류의 고백에 웃음을 터뜨렸다. 그녀의 웃음소리는 앤드류에게 예쁜 종소리같이 들려 왔다.

"나도 당신을 사랑해요, 앤드류. 당신의 청혼을 받아들일게요. 당신의 아내가 되고 싶어요!"

그녀가 드디어 앤드류의 청혼을 받아들이는 꿈만 같은 순간이었다.

그 바로 다음 주, 앤드류와 코리는 할렘의 한 보석 가게로 가서 결혼반지를 골랐다. 그날 밤, 두 사람은 코리의 아파트에 함께 앉아서 미래에 대한 이야기를 나눴다.

앤드류는 코리의 손을 잡고 말했다.

"코리, 나는 우리에게 앞으로 어떤 길이 펼쳐질지 정말 아무것도 모르겠어요."

"앤드류, 우리에게 어떤 길이 펼쳐지든지 함께 걸어갈 수 있잖아요."

코리는 걱정하는 앤드류에게 다짐하듯 말했다.

****

1958년 6월 27일, 앤드류와 코리는 알크마르에서 행복한 결혼식을 올렸다. 두 사람을 축하하기 위해 많은 사람이 와 줬다. 링거 초콜릿 공장의 직원들과 런던의 WEC 본부에서 만난 친구들도 와 줬다. 코리가 다니는 병원의 간호사들, 앤드류가 난민 캠프에서 만난 동료들도 왔다. 코리와 앤드류의 가족들은 물론이고, 웨스트라 아저씨와 아주머니를 포함한 친구들도 모두가 함께했다. 행복한 웃음이 끊이지 않는 날이었다.

앤드류와 코리는 신혼여행을 마치고 고향인 위테로 돌아왔다. 과거 앤드류 자신이 살던 작은 방에 신방을 차렸다. 앤드류 혼자 있을 때는 외롭고 텅 빈 것 같은 방이었지만, 그녀와 함께 있으니 그 작은 방은 따뜻하고 빛나는 희망으로 가득 차 있었다.

하지만 곧 그들의 집은 난민수용소에 가져다줄 구호물자들로 가득 차기 시작했다. 앤드류의 간증은 이미 네덜란드에서도 너무 유명해져서, 늘 곳곳에서 기부 물품이 들어왔다. 앤드류는 난민수용소를 갈 때마다 그 물건들을 차에 꽉꽉 채워서 갔지만, 그 많은 물품을 가져다 나르는 데는 한계가 있었다.

가을 무렵, 앤드류는 코리를 난민수용소로 데려가기로 마음먹었다. 코리는 그녀가 간호학교에서 배운 것으로 사람을 도

울 생각에 설레었고, 앤드류는 사랑하는 아내와 함께 사역을 한다는 사실에 들떠 있었다.

앤드류는 코리와 수용소 안 난민들 사이를 누비며 함께 일하기 시작했다. 그러면서 철의 장막 뒤에 숨겨진 모습을 조금 더 알 수 있게 됐다. 그나마 폴란드, 체코슬로바키아, 유고슬라비아, 동독, 헝가리처럼 서유럽에 가까운 공산 국가들은 정부의 뜻에 따르지 않는 사람들에 대한 처분이 그나마 나은 편이었다. 루마니아, 불가리아, 알바니아, 러시아와 같이 공산주의 한가운데에 있는 나라들은 정부에 반기를 드는 사람들을 사형에 처하기도 했다. 앤드류는 그런 나라들이야말로 자신이 복음을 들고 밟아야 할 땅이라고 생각했다.

서유럽에 가까운 공산 국가들 중 아직 앤드류가 가 보지 못한 곳이 있었다. 바로 동독이었다. 때마침 서독의 난민수용소에 와 있으니, 동독을 방문할 좋은 기회가 될 것 같았다.

어느 날 밤, 앤드류는 코리에게 자신의 생각을 털어놓았다.

"아무래도 우리는 동독을 가 봐야 할 것 같아요."

"오 앤드류, 난 아직 여기에서 할 일이 많아요. 지금 당장은 떠나기가 어려울 것 같아요."

앤드류는 가만히 자신의 아내를 바라봤다. 그녀의 눈은 피곤함에 퉁퉁 부어 있었고 얼굴은 더 창백해져 있었다. 두 사람이 난민수용소에 도착한 이후부터, 코리는 무섭도록 열심히 일했다. 사람들을 진료하기도 하며, 따로 모아 교육을 하기도 했다. 수용소 안을 청소하고, 다친 사람들의 몸과 마음을 어루만져 주기도 했다.

앤드류는 코리를 이 수용소의 어두운 삶에서 데리고 나가야겠다고 생각했다. 그래서 동독으로 가는 비자를 그녀의 것까지 준비했다. 며칠 뒤, 비자를 승인받은 앤드류는 기뻐서 코리에게 뛰어갔다.

"당신은 가요, 앤드류."

코리는 두 팔로 안아 주며 말했다.

"내가 있어야 할 곳은 여기예요. 난 거기서 별로 도움이 안 될 거예요. 독일어도 못하고, 설교도 할 수 없죠. 하지만 여기서는 내가 도울 수 있는 사람이 아주 많아요."

앤드류가 반대하자, 코리는 그의 손을 잡으며 이야기했다.

"당신은 당신이 필요한 곳에 가야 해요. 그리고 나는 내가 필요한 곳에 있어야 하고요. 그럼 당신이 다시 돌아왔을 때, 우린 서로에게 해 줄 이야기가 아주 많을 거예요."

****

앤드류는 그렇게 혼자 동독으로 떠났다. 베를린 장벽의 검문소를 지날 때, 앤드류는 뭔지 모를 압박감을 느꼈다. 사람들은 말 한마디 없이 서둘러 거리를 지나다니고 있었다. 그 누구도 즐겁게 웃고 있는 사람이 없었다. 거리에는 공포로 무거운 공기가 가득 차 있었다. 비밀경찰은 거리 곳곳에서 사람들을 지켜보고 있었다. 그들은 아무 이유도 없이 길을 가는 시민들을 불러 세우고, 가방을 열어 검사하거나 가방을 압수해 가기도 했다. 그래도 누구 하나 반항하는 사람이 없었다.

앤드류는 난민수용소를 떠나기 전에 동독에서 연락할 수 있는 목사님의 이름을 받아 왔다. 빌헬름Wilhelm이라는 목사님이었다. 빌헬름 목사님과 마르Mar 사모님은 동독 남쪽 지역 마을에 있는 한 교회의 젊은 사역자들이었다. 앤드류가 그 교회에 들어가자 목사님과 사모님은 그를 얼른 안으로 들였다.

"여기까지 오시다니 너무 감사한 일입니다."

빌헬름 목사님은 잦은 기침 때문에 잠시 말을 멈추기도 했지만, 앤드류와 계속 이야기를 이어갔다.

"우리가 가는 여정이 때로는 힘든 일이 참 많죠. 그런데 이렇게 저희를 돕기 위해 선교사님을 보내 주시다니…. 이게 얼마나 큰 축복입니까!"

"목사님, 혹시 성경책이 필요하신가요?

앤드류는 열정적으로 물었다.

"오, 아니요."

빌헬름 목사님은 앤드류를 작은 창고로 안내했다. 창고 한 구석에는 꽤 많은 성경책이 쌓여 있었다.

"성경책은 이미 충분히 있습니다. 그리고 하나님의 말씀을 전하고 성도들을 훈련시키기 위해 모임도 자주 열고 있죠."

앤드류는 혼란스러워졌다.

"하지만 방금 도움이 필요하다고 하셨잖아요."

앤드류의 말에 빌헬름 목사님은 주먹을 꽉 쥐었다 펴며 이야기했다.

"네, 필요합니다. 동독 정부는 이제 새로운 방법으로 우리를 괴롭히려고 하거든요. 그들은 이제 무조건 교회를 공격하고 탄압하면 오히려 교회가 더 강해질 뿐이란 걸 알았습니다. 그래서 사람들이 눈치채지 못하도록 교묘하게 탄압하는 게 더 효과적이라는 걸 알게 됐죠. 그들은 애국심이라는 말로 포장해서 사람들을 교회에서 떠나도록 유도하고 있습니다."

목사님은 잠시 말을 멈추고 다시 콜록거렸다. 몇 번의 기침 끝에 겨우 숨을 진정시키고는 말을 계속 이어갔다.

"오늘 저녁에 있을 예배에 참석하시죠. 제가 무슨 말을 하는지 바로 아시게 될 겁니다."

세 사람은 우선 근처 마을에서 열리는 목사님들 모임에 참석하러 갔다. 목사님들은 돌아가면서 숫자를 발표하고 있었다. 당시 동독 정부에서는 교회에서 드리는 예배 형식을 그대로 가져가 예배 비슷한 모임을 주최하고 있었다. 목사님들이 이야기하는 숫자는 목회하는 교회의 성도 중 그 정부 예배에 참여하는 사람들 숫자였던 것이다. 이해를 하고 나서 들리는 숫자들은 불쾌하기 짝이 없었다. 거의 70퍼센트에 달하는 성도들이 정부 예배에 참여하고 있었다.

"도움이 필요한 이유가 바로 이것입니다. 그저 눈앞에서 부수고 공격해 온다면 반격하고 저항이라도 하죠. 하지만 이런 식으로 믿는 사람들을 교회에서 멀어지게 하고, 우리를 고립시키고 있으니 당할 수밖에요. 그러나 하나님께서 선교사님을 보내셔서 우리가 외로운 싸움을 하고 있는 게 아니라는 걸 다시 깨닫게 해 주셨죠. 우리가 하나님의 힘으로 이 싸움에서 이길 수 있다는 것도요."

그로부터 2주간 앤드류는 빌헬름 목사님과 동독 남부 지역을 돌아다녔다. 성경책을 쌓아두고도 성도들이 없어 말씀을 나누지 못하는 교회가 한둘이 아니었다. 앤드류는 방문하는 교회에 갈 때마다 모든 성도가 선교사이고, 이 나라 자체가 선교지라고 생각하기를 소망한다며 응원과 축복을 전했다.

그러던 어느 날, 한 마을에서 예배가 끝나고 한 남자가 일어서서 앤드류를 향해 물었다.

"선교사님, 그렇게 말씀하시는 건 참 쉽죠. 선교사님은 어디든 자유롭게 갈 수 있으시겠지만, 저는 아닙니다. 이 나라 안에서도 자유롭게 여행할 수 없는데, 어떻게 선교사가 됩니까?"

남자의 불평 섞인 말에 앤드류는 꾸짖듯이 대답했다.

"내가 내 두 발로 복음을 전할 곳을 갈 수 없다고 불평하지 마세요. 하나님께 복음을 전할 수 있는 곳을 알려달라고 기도하는 법을 깨닫기 바랍니다."

****

앤드류는 동독에서 나와 코리가 있는 난민수용소로 갔다. 한참 만에 만난 코리는 수용소 아이들의 머리에 있는 머릿니를 검사하고 있었다. 코리를 만난 앤드류는 무척 기뻤다. 하지만 그녀의 모습을 보고 잠시 큰 충격을 받았다. 코리는 더 말라 있었고, 더 창백해져 있었으며, 피부는 누렇게 떠 있었다.

앤드류는 코리를 당장 이 수용소 밖으로 빼내야 한다고 생각했다. 그래서 여권을 들고 곧바로 유고슬라비아 영사관으로 달려갔다. 유고슬라비아에 있는 앤드류의 친구들은 성경책이 절실하게 필요했고, 지방 도시들은 한적하고 아름다웠다. 눈에 슬픔이 가득 찬 코리에게는 그곳에서의 휴식이 필요했다. 비자는 다행히 바로 승인이 떨어졌고, 앤드류는 출발하기 전 성경책을 사 모으며 여행 계획을 세웠다.

코리는 여전히 수용소에 남겠다고 고집을 피웠지만, 앤드류 역시 단호했다. 결국 코리는 앤드류와 함께 유고슬라비아로 떠났다. 두 사람이 처음으로 함께 철의 장막 안으로 여행하는 것이었다. 국경의 경비병들은 두 사람이 신혼여행을 온 것이라고 생각하고 그 엄청난 짐들을 신경도 쓰지 않았다. 오히려 유명한 여행지들을 신나서 소개해 줬다. 앤드류가 그동안 겪었던 것 중 가장 쉬웠던 검문이었다.

베오그라드에서 앤드류의 첫 여행 때 많은 도움을 줬던 자밀과 니콜라를 만났다. 두 사람은 앤드류와 코리를 온 동네 교회로 데리고 다니며, 함께 성경책을 나눠 줬다. 성경책을 받아든 성도들은 믿을 수 없다는 듯 눈을 크게 뜨며 기뻐했다. 어떤 남자는 앤드류의 뒤에서 환호성을 질렀고, 어떤 여자는 코리에게 키스를 퍼부었다. 모두가 기쁨에 찬 눈물을 흘렸다. 멋진 승리의 순간이었다.

6일 동안 앤드류는 설교를 계속했고, 성도들은 하나님의 사랑을 다시 되새겼다. 그러나 일곱째 날이 되던 저녁, 비밀경찰들이 앤드류 일행이 머물고 있는 집 안으로 들이닥쳤다.

"함께 가셔야겠습니다."

비밀경찰들은 앤드류에게 명령하다시피 말했다.

"어디로요?"

"잔말 말고, 얼른 따라나서요!"

코리는 안 그래도 창백한 얼굴이 더 창백해지고 덜덜 떨면서 현관 앞으로 나왔다.

"저 여자도 함께 왔습니까?"

앤드류는 휘청거리는 코리 옆에 붙어 서서 고개를 끄덕였다.

"그럼 여자도 함께 가야 합니다."

그렇게 앤드류와 코리는 경찰서로 끌려갔다. 비밀경찰들은 그들이 법을 어겼기 때문에 비자가 취소된 것은 물론이고, 당장 유고슬라비아를 떠나야 한다고 했다. 앤드류와 코리의 여권에는 유고슬라비아로 다시는 입국할 수 없다는 표시의 크고 붉은 도장이 찍혔다. 그리고 두 사람은 국경으로 이송됐다.

한밤중에 네덜란드로 향하는 앤드류는 화를 내고 싶었다. 하나님은 왜 우리 두 사람의 비자를 취소되도록 하신 것일까? 하지만 조수석에서 자고 있는 코리를 살펴보는 것 말고는 딱히 할 수 있는 일은 없었다. 이미 몸이 약해질 대로 약해진 코리는 유고슬라비아에서 체포되고 추방당한 일로 더 큰 충격을 받았다. 앤드류는 네덜란드로 돌아가는 길에 즉시 의사를 불러야겠다는 생각밖에 없었다.

12. 끝까지 가야 하는 길

앤드류는 집으로 돌아오자마자 코리를 침대에 눕혔다. 그리고 의사에게 전화를 걸어 코리의 몸 상태를 설명했다. 그러자 의사는 한걸음에 달려와 코리를 꽤 오랜 시간 진찰했고, 앤드류는 밖에서 진찰이 끝나기만을 초조하게 기다렸다. 마침내 의사가 진찰을 마치고 자신의 가방을 챙겨서 나왔다.

"선생님, 제 아내는 좀 어떤가요?"

앤드류가 긴장된 목소리로 물었다.

"아내분은 괜찮을 거예요. 아내분께 멀미를 가라앉히는 약을 줬어요. 그리고 꼭 한 달 내에 병원에 오라고 해 주세요."

"네? 무슨 병이라도 걸린 건가요?"

의사는 걱정근심이 가득한 얼굴을 한 앤드류를 바라보며 말했다.

"정말 아무것도 모르나 보네요? 아빠가 된 걸 축하해요, 앤드류!"

의사의 말이 끝나기도 전에 앤드류는 코리가 있는 방으로 뛰어 들어갔다. 코리는 힘없이 침대에 누워 있었지만, 앤드류를 향해 미소를 짓고 있었다. 앤드류는 기쁨에 찬 환호성을 내질렀다. 그들에게 아이가 생긴 것이다.

****

두 사람이 네덜란드로 돌아오고 얼마 지나지 않아, 불가리아와 루마니아의 비자가 승인됐다는 편지를 받게 됐다. 그 두 나라는 공산 국가 중에서도 가장 들어가기 힘든 나라들이었다.

앤드류는 그 소식을 듣고 뛸 듯이 기뻤지만, 한편으로는 걱정이 되기도 했다. 하나님께서 앤드류에게 공산 국가의 가장 깊고 어두운 곳의 문을 열어 주셨고, 그 길로 들어가는 것은 전혀 두렵지 않았다. 하지만 앤드류에게는 이제 책임져야 할 아내와 아이가 있었다. 선교하는 동안 혹시라도 자신이 감옥에 가게 되거나 처형을 당하게 된다면, 그 이후에는 어떻게 해야 할지 고민해야 했다.

그리고 앤드류의 여권에는 유고슬라비아에서 찍힌 붉은색 입국금지 도장이 있었다. 마음대로 찢어버리거나 없애버릴 수 없는 노릇이었다. 그런데 앤드류는 한 정부기관 사람에게서 아주 유용한 정보를 얻을 수 있었다. 새 여권을 만들면 되는 것이었다. 이후 앤드류는 근처 가까운 다른 나라로 짧게 여행을 다니기 시작했다. 국경을 넘을 때마다 도장을 찍어야 하다 보니, 몇 주 지나지 않아 앤드류의 여권에는 더 이상 도장 찍을 공간이 없었다. 드디어 그는 새로 여권을 발급받게 됐다. 이제 남은 숙제는 코리를 혼자 남겨두고 떠나야 한다는 것뿐이었다.

두 사람은 함께 울었고, 함께 이야기했고, 함께 기도했다. 그리고 나서 루마니아어와 불가리아어로 된 성경책을 구해서 파란색 폭스바겐에 안전하게 숨겨 넣었다.

앤드류가 떠나는 날 아침, 두 사람은 마지못해 작별 인사를

나눴다.

코리는 걱정스러운 표정으로 앤드류에게 물었다.

"당신, 난민들에게 줄 옷가지는 챙겼어요? 돈은요? 텐트랑 조리기구는요?"

"코리, 걱정하지 마요. 이 차에 실을 수 있는 모든 건 다 실었어요."

앤드류는 걱정하며 묻는 코리를 애써 안심시켰다.

"무사히 돌아와야 해요, 앤드류. 우리 아이와 나는 당신이 꼭 필요하니까요."

코리는 눈가에 눈물이 가득 고인 채로 말했다.

운전하고 가는 동안, 앤드류는 지갑에 들어 있는 돈을 떠올렸다. 몇 곳에서 생각지도 못한 기부금을 보내 줬다. 그래서 앤드류는 남는 돈을 코리에게 주고 오려고 했지만, 그녀는 한사코 거절하고 그의 손에 쥐여줬다. 하나님께서 보내 주신 돈이라는 것은 의심하지 않았지만, 대체 무엇에 쓰시려고 하는

지는 알 수가 없었다.

유고슬라비아 국경에 다다랐을 때쯤 앤드류는 슬슬 걱정되기 시작했다. 앤드류와 코리가 유고슬라비아에서 추방된 지 고작 몇 달도 지나지 않았다. 하지만 불가리아로 가려면 유고슬라비아를 통과해야만 했다. 물론 돌아가는 길도 있었지만, 수천 마일을 더 가야 했기에 며칠은 더 걸리는 길이었다.

앤드류는 새로운 여권으로 유고슬라비아 비자를 새로 신청했는데, 다행히도 허가가 났다. 하지만 여전히 안전하지 않은 이 길은 그다지 가고 싶지 않았다.

국경 초소에 가까워지자, 앤드류는 작은 소리로 기도를 했다. 경비병은 앤드류의 서류를 슬쩍 보고 나서 잠깐의 대화를 나눈 후 손까지 흔들어 줬다. 앤드류는 안도의 한숨을 내쉬었다. 하지만 앤드류는 자신이 입국한 사실이 유고슬라비아의 중앙기관에 알려지기까지 4일이 걸린다는 것을 알고 있었다. 그래서 그 안에는 무조건 유고슬라비아를 떠날 수 있기를 간절히 빌었다.

유고슬라비아에서 4일째 되던 날, 앤드류는 반대편 국경 근처에 다다를 수 있었고, 다행히 비밀경찰이나 군인이 그를 찾거나 하는 일은 없었다. 앤드류는 하루만 더 머물러 보기로 했다. 5일째 되는 날 저녁, 앤드류는 호텔에 체크인을 하며 여권을 내어줬고 방 안에 들어와 휴식을 취했다.

동트기 전, 2명의 정부요원들이 앤드류의 방문을 두드렸다. 그들은 앤드류에게 옷을 챙겨 입고 따라 나오라고 명령했다. 아직 잠에 취한 앤드류는 바지와 셔츠를 대충 주워 입고 그들을 따라 근처의 한 건물로 들어갔다. 긴 복도를 지나서 들어간 방은 꽤 깔끔하게 정리돼 있었고, 얼굴에 깊게 주름이 패인 한 남자가 철제 책상 앞에 앉아 있었다.

"앤드류 씨, 유고슬라비아에는 왜 다시 왔습니까?"

남자는 앤드류에게 질문을 하고는 대답할 틈도 주지 않고 계속 말을 이었다.

"유고슬라비아를 당장 떠나십시오. 그 누구와도 대화를 해서는 안 됩니다. 지금부터 24시간 내로 트리스테Trieste 지역 국경을 통해 나가십시오."

말은 마친 남자는 익숙해 보이는 붉은색 도장을 들고 앤드류의 여권을 펼쳐 세 번이나 각기 다른 장에 찍었다. 앤드류는 순간 아무 생각도 떠오르지 않았다. 트리스테 지역은 유고슬라비아의 북서쪽 지역이었다. 목적지인 불가리아와는 멀리 떨어진 쪽이었다. 앤드류는 이 고약한 정부요원의 마음을 어떻게든 돌려야 한다고 생각했다.

"제발요, 선생님. 저는 불가리아로 가는 길입니다. 불가리아에 가까운 국경으로 나가면 안 되겠습니까?"

"트리스테라고 했습니다."

남자는 단호하게 말했다. 더 이상 협상의 여지가 없었다.

****

트리스테로 운전하고 가는 중에 앤드류는 왜 자신이 필요 이상으로 돈을 많이 가져오게 됐는지 깨달을 수 있었다. 이탈리아를 거쳐 그리스로 돌아가는 길은 2,400km나 되는 어마어마한 거리였다. 하지만 달리 방법이 없었다. 의심과 걱정, 절망이 그의 영혼을 무겁게 짓눌러 왔다. '내가 가고자 하는 이 길에 하나님의 축복이 있기는 한 걸까?'

길은 멀고도 험했다. 도로는 움푹 패이고 갈라져 있기 일쑤였다. 당나귀나 말이 끄는 수레들이 차가 다니는 좁은 도로를 막기도 했다. 그렇게 많은 날을 아주 더디게 움직여 갔다. 이탈리아의 해안 쪽을 지날 때 즈음엔 코리의 생일도 깜빡 잊고 지나갔다. 앤드류는 여권에 또 찍힌 붉은 도장이 너무나 신경 쓰였다. 아이가 태어나기 전에 집으로 돌아갈 수나 있을지 걱정이 앞섰다. 그리고 허리 쪽에서 고통이 느껴졌다. 몇 년 전 척추가 틀어져 고생한 후 생긴 후유증이었다. 몸에서 느껴지는 고통은 앤드류의 불편한 마음을 한층 더 힘들게 했다.

어느 날 아침, 바퀴 자국이 움푹 패인 길을 따라 힘겹게 운전을 하고 있을 때였다. 파란색 표지판 하나가 눈에 들어왔다. 알아볼 수 없는 그리스어 문자들 위에 쓰여진 라틴어 문자 필리피Philippi(번역자 주: 성경 속 지명으로는 '빌립보'다. 사도 바울과 실라의 2차 전도 여행지이며, 감옥에 갇히는 고초를 당한 곳이다)가 눈에 확 띄었다. 앤드류는 차를 급하게 멈추고 길가에 세웠다. 도로 옆 철조망 너머로 고대 도시의 유적지가 보였다. 바로 성경 속 도시인 빌립보였다. 사도 바울과 실라가 감옥에서 찬송을 부르던 그곳이었다. 하나님께서 당신의 종들을 어둠과 절망에서 구하기 위해 천사를 보내시고 지진을 일으키는 기적을 보이신 곳이었다. 그 순간, 수천 년 전 이 도시를 울리던 하나님의 음성이 들려오는 것만 같았다.

"네 믿음은 어디에 있느냐? 나는 너를 단 한 번도 버리지도 떠나지도 않았느니라."

그와 동시에 앤드류는 놀랍게도 허리를 찌르던 고통이 더 이상 느껴지지 않는 것을 깨달았다. 말로 다 표현할 수 없는 기쁨이 그의 영혼에 흘러넘쳤다. 하나님께서 앤드류가 이 말도 안 되는 엄청난 먼 길을 돌아오게 하시며, 그 어떤 고난 속에서도 그의 손을 놓지 않으셨음을 기억하게 하셨다. 또한 그의 걸음마다 함께하셨음을 되새기게 하셨다. 하나님의 은혜와 사랑을 다시 한번 확인한 앤드류는 다시 울퉁불퉁한 길을 따라 터키를 지나왔다. 그리고 이 여정의 가장 큰 장애물인 불가리아 국경을 눈앞에 두고 마음을 다잡았다.

13. 불가리아에서의 새로운 시작

앤드류가 국경을 넘으면서 그동안 겪은 일들을 생각해 보면, 불가리아 국경을 통과하는 일은 꿈같은 일이었다. 국경의 경비병들은 차 안을 대충 훑어봤다. 가방을 열어 보라는 말도 하지 않았다. 오히려 경비병들은 어눌한 영어로 앤드류에게 불가리아에 온 것을 환영한다고 했다. 국경 초소를 빠져나오며, 앤드류는 그동안 불가리아 국경을 어떻게 넘을지 걱정했던 자신이 바보같이 느껴졌다.

교외로 쭉 뻗은 큰 도로는 넓고 잘 정비가 되어 있었다. 작은 마을을 지나갈 때는 아이들이 앤드류의 차 옆을 따라 달렸다. 어른들은 앤드류를 향해 웃으며 손을 흔들어 줬다. 모든 것이 동화의 한 장면 같았다.

앤드류는 먼저 페트로프Petroff라는 사람에게 연락하기로 했다. 이전에 유고슬라비아에서 만난 교회 사람이 불가리아에 가면 그를 꼭 찾아가라고 했기 때문이다. 그는 매우 신실한 성도로서 앤드류가 불가리아 선교를 감당하는 데 도움을 줄 수 있는 자였다.

앤드류는 그가 살고 있다는 소피아Sofia라는 큰 도시에 도착했다. 앤드류는 호텔에서 체크인을 하며 작은 지도를 받았다.

****

다음 날, 앤드류는 새벽녘 동이 틀 때 페트로프의 집을 향해 출발했다. 페트로프가 사는 건물에 도착했을 때, 반대편에서 걸어오던 한 남자가 마침 인도로 들어섰다. 앤드류는 걸어오는 남자를 슬쩍 보고서 갑자기 심장 박동 수가 빨라지는 것을 느꼈다. 한 번도 만난 적 없는 사람이었지만, 왠지 그 남자가 페트로프일 것 같은 확신이 들었다. 두 사람의 거리가 가까워졌을 때 서로의 눈이 마주쳤다. 앤드류는 그 남자의 눈에서도 자신과 같은 확신의 눈빛이 스쳐간 것을 느꼈다.

하나님께서 이 만남을 인도하셨음을 믿으며, 앤드류는 남자를 따라 아파트 안으로 들어갔다. 두 사람 모두 말 한마디 하지 않았지만, 서로 깊이 연결돼 있음을 느끼고 있었다. 어떤 집

앞에 선 남자는 열쇠를 꺼내 들고 문을 열었다. 앤드류는 그를 따라 들어갔고, 남자는 앤드류가 들어온 뒤 바로 문을 닫았다. 불도 켜지 않았지만 두 사람 다 개의치 않았다.

어둠 속에서 앤드류가 입을 열었다.

"저는 앤드류라고 합니다. 네덜란드에서 선교를 하기 위해 왔습니다."

남자는 안도의 한숨을 내쉬고, 그제야 불을 켰다.

"페트로프입니다. 불가리아에 오신 걸 환영합니다."

그때 방 한구석에서 페트로프의 아내가 모습을 드러냈다. 세 사람은 손을 맞잡은 채 무릎을 꿇고 하나님께 이런 기적 같은 만남을 있게 해 주신 것에 감사기도를 했다. 이후 앤드류는 궁금했던 것들을 질문하기 시작했다.

"불가리아에 성경책이 필요하다고 들었습니다. 맞나요?"

페트로프는 말로 대답하는 대신 앤드류를 책상 위의 낡은 타자기 앞으로 이끌었다. 타자기 옆에는 성경책이 하나 놓여 있었고, 출애굽기가 펼쳐져 있었다. 누군가가 타자기로 출애굽기를 한 글자씩 타이핑하던 중이었다.

페트로프는 식탁에 있는 다른 성경책을 보여 주며 말했다.

"이 나라에서 성경책을 찾는 건 하늘의 별따기죠. 지난주에 겨우 한 권을 구했는데, 창세기와 출애굽기 그리고 요한계시록이 없더군요. 이 성경책을 구하는 데 한 달 치 월급을 전부 썼습니다. 지금은 원래 갖고 있던 성경책을 보면서 없는 부분들을 직접 타이핑하고 있습니다. 곧 완성될 겁니다."

"완성된 성경책으로는 무얼 하시려고요?"

"사람들에게 주려고요. 작은 교회들은 대부분 성경책이 없거든요. 이 성경책은 우리보다 그분들에게 훨씬 필요하죠."

페트로프가 그다음 말을 이어 나갔다.

"불가리아에는 성경책 하나 없는 교회가 수두룩합니다. 성경책이야 원래 예전부터 귀했습니다. 그런데 공산주의 세력들이 나라를 차지하고 나서부터는….”

페트로프는 고개를 절레절레 흔들고 몸을 부르르 떨었다.

앤드류는 목구멍 가득 차오르는 흥분을 겨우 가라앉히며 말했다.

“형제님, 제가 엄청난 걸 보여드리려고 합니다.”

그날 밤, 어둠을 보호막 삼아 앤드류는 그의 작고 파란 폭스바겐을 끌고 페트로프가 사는 동네를 다시 찾았다. 길에 지나가는 사람이나 감시하는 사람이 없는지 잘 확인한 후, 성경책이 가득 들은 무거운 상자 하나를 차에서 꺼냈다. 그리고 박스를 페트로프의 집 식탁 위에 올려놓았다. 페트로프와 그의 아내는 호기심에 찬 눈으로 상자를 바라보고 있었다. 앤드류가 상자 뚜껑을 열고 불가리아어로 된 성경책을 꺼내 떨고 있는 페트로프의 손에 쥐여 줬다. 그리고 또 하나를 꺼내 페트로프의 아내에게 건넸다.

“혹시 더 있는 건가요?”

그녀는 감히 상자 안을 쳐다볼 엄두도 못 내고 물었다.

"상자 속에 꽉 차 있습니다. 그리고 이런 상자가 몇 개 더 있죠. 밖에 세워 둔 제 차에 말입니다."

페트로프는 눈을 감았다. 아무 말도 할 수가 없었다. 페트로프의 눈에서 눈물이 흘러내려 손에 들고 있던 성경책으로 떨어지고 있었다. 그 모습을 보는 앤드류도 눈시울이 붉어졌다. 하나님의 말씀에 굶주린 사람들에게 축복을 가져다주는 것, 이것이 바로 그가 그 모든 역경을 뚫고 불가리아에 와야 했던 이유였다.

페트로프와 앤드류는 곧바로 불가리아에서 성경책이 가장 필요한 교회들을 찾아 성경책을 나눠 주는 계획을 세웠다.

****

다음 날 새벽, 앤드류와 페트로프는 성경책을 나눠 주기 위한 여행을 떠났다. 가는 동안, 페트로프는 불가리아 교회의 현실을 설명해 줬다. 불가리아에서 교회들은 두 가지 중 하나를 선택해야 했다.

하나는 정부 규정에 따르는 것이었다. 대다수의 큰 교회가 이 정부 규정을 따랐다. 그들은 자유롭게 예배를 드리는 것 같았지만, 설교의 중심이 하나님이 아닌 공산주의와 새로운 사회 법규를 찬양하는 데 있었다. 이런 교회에서는 하나님의 말씀보다 정부의 지시가 먼저였다.

또 다른 하나는 하나님의 말씀을 따르는 것이었다. 그들은 작은 규모의 비밀 교회들이었다. 비밀 교회들은 정부의 눈을 피해 공산주의의 규율과 의식에 반대하고 하나님의 말씀을 전하는 데 힘쓰고 있었다. 정부가 이런 교회의 존재를 알게 되면, 그 즉시 교회는 문을 닫아야 했다. 또한 교회에 모인 사람들은 모두 감옥으로 보내졌다.

두 사람의 여행이 시작된 지 며칠이 지나고, 페트로프는 앤드류를 비밀 교회로 데려다줬다. 장소는 오래된 건물 3층에 있는 작은 집이었다. 고작 12명밖에 안 되는 인원이었지만, 모두가 모이기까지 한 시간이 넘게 걸렸다. 이들은 각각 들어오는 시간을 다르게 약속하고, 외부에서 눈치채지 못하도록 비밀리에 움직이고 있었다. 모든 것이 정해진 순서에 따라 계획적으로 움직여야 했다.

7시 30분이 되자, 페트로프가 앤드류의 어깨를 잡으며 말했다.

"이제 우리 차례입니다. 아무 말도 하지 마세요. 그저 제가 하는 대로만 따라 하시면 됩니다."

앤드류와 페트로프는 조용히 3층으로 걸어 올라갔다. 긴 복도를 걷는 동안 서로 말 한마디 하지 않았다. 문 앞에 도착해서도 노크는 물론 도착했다는 것을 알리기 위한 어떤 행동도 하지 않았다. 페트로프는 현관문을 열고 앤드류와 함께 조용히 들어갔다. 열정이 넘쳐 보이는 성도들이 보였다. 그들은 조용히 미소만 지은 채 두 사람을 환영했다.

모든 사람이 도착하자, 다 같이 전등 하나가 비추고 있는 작은 탁자를 둘러싸고 앉았다. 창문은 두꺼운 담요로 가려져 있었지만, 방 안을 감도는 긴장감을 느낄 수 있었다. 그들은 탁자에 모여 이 예배가 안전하게 끝날 수 있기를 기도했다. 시계가 8시를 알리자, 페트로프가 일어섰다.

"하나님께서 우리에게 네덜란드에서 형제님 한 분을 보내주셨습니다."

페트로프의 목소리는 속삭이는 소리만큼 작아서 겨우 들릴 정도였다.

"오늘 하나님께서 전해 주시는 말씀과 함께 우리를 축복해 주실 겁니다."

앤드류도 속삭임에 가까운 작은 소리로 20분 정도 응원의 내용을 담은 설교를 했다. 찬송은 없었다. 아주 작은 찬송 소리라도 문제가 될 수 있기 때문이다. 헌금도 따로 하지 않았다. 이들은 이미 삶의 모든 것을 걸고 이 자리에 나온 사람들이었다. 앤드류가 설교로 마음을 전달하고 나서, 페트로프에게 고개를 끄덕여 보였다.

페트로프는 미소를 지으며 일어나 조심스레 보따리를 풀었다. 그리고 앤드류가 가져온 불가리아어 성경책 하나를 집어 들었다. 성도들은 손으로 입을 틀어막으며 기쁨의 탄식을 조용히 내뱉었다. 사람들은 경건한 마음으로 성경책을 옆 사람에게 전달해 줬다. 그동안 하나님의 말씀을 낱권으로 만든 책자들은 접할 수 있었지만, 이제 이 작은 교회는 온전한 성경책을 가질 수 있게 됐다. 기쁨의 눈물이 가득 고인 채로 성도들은 앤드류를 꼭 안으며 소리 없는 감사 인사를 전했다.

앤드류는 불가리아에서 남은 날 동안, 이처럼 등록되지 않고 몰래 모여서 예배를 드리는 비밀 교회들을 찾아 방문했다. 예배를 멈추지 않는 사람들의 용기를 보며, 앤드류는 요한계시록 말씀이 떠올랐다.

"너는 일깨워 그 남은 바 죽게 된 것을 굳건하게 하라"요한계시록 3:2.

이 작은 모임이 속한 성도들에게는 믿음을 지속할 힘이 절실하게 필요했다. 앤드류는 낮이고 밤이고 그들에게 용기를 불어넣어 주기 위해 그가 아는 모든 방법을 동원했다.

한편, 불가리아에서 들은 이야기 중 몇 개는 앤드류의 마음을 아프게 했다. 8개월 전, 한 목사님이 감옥에 끌려가게 됐는데 그 이유는 십 대 청소년들에게 세례를 해 줬기 때문이다. 목사님은 감옥에서 풀려나던 날 밤에 또다시 27명의 청소년들에게 세례를 해 줬는데, 눈을 피하기 위해 마을 밖 흙탕물 속에서 해야 했다. 또 다른 목사님은 성탄절에 어린이들에게 예수님에 대해 이야기했다는 이유만으로 교회와 목회자 자격증을 압수당했다고 했다. 앤드류는 철의 장막 뒤에서 희생하는 사람들이 겪었던 가슴 아픈 사연을 수백 가지도 더 듣고 들었다. 이는 앤드류가 하나님의 부르심에 응답하는 데 더 큰 결심을 하게 만드는 원동력이 됐다.

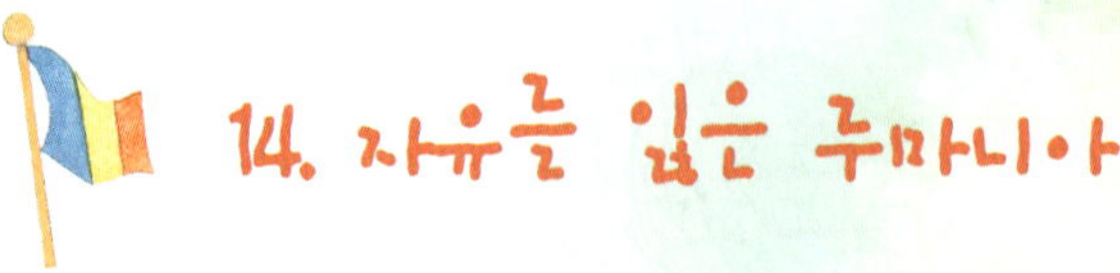

앤드류는 불가리아를 떠나 루마니아 국경으로 들어서고 있었다. 이제는 새로운 나라의 국경을 넘을 때 느껴지는 긴장감도 어느 정도 익숙해지고 있었다.

****

앤드류 앞으로 4대의 차가 더 있었고, 한 시간 정도면 국경을 통과하겠거니 생각하고 있었다. 그런데 앞에 서 있는 차들 중 제일 앞에 서 있던 차가 줄에서 따로 나와 옆으로 서는 것이 보였다. 국경 경비병들은 옆으로 세운 차를 구석구석 자세히 살펴보고 있었다. 차 주인은 아무것도 하지 못한 채 옆에서 멍하니 서 있어야만 했다. '저 불쌍한 친구에게 무슨 일이 생

긴 걸까? 분명 굉장히 엄격하게 검사를 할 텐데.'

앤드류는 차에서 혼잣말을 하며 앞의 상황을 지켜봤다. 그런데 맨 앞의 차만 따로 검사를 하는 것이 아니었다. 그다음 차도 앞의 차와 마찬가지로 차를 타고 있던 사람은 내리게 한 채 경비병들이 차 수색을 따로 하고 있었다. 앤드류는 극도의 긴장감을 느꼈다. 루마니아어 성경책은 자동차 속의 비밀 공간에 꼼꼼하게 숨겼다고 생각했다. 대충 훑어보는 검색 정도에는 충분히 안전하게 숨겨져 있었지만, 지금 같은 철저한 검사에는 어림도 없을 것 같았다. 걸린다면 성경책은 압수당할 것이 뻔했다. 그리고 성경책을 본 경비병들이 앤드류에게 무슨 짓을 할지 상상조차 되지 않았다.

앤드류 바로 앞에 있는 차는 수색하는 데 무려 1시간이나 걸렸다. 경비병들은 타이어 커버, 자동차 좌석, 엔진 안쪽까지 뜯어보며 빈틈없이 수색을 하고 있었다. 앤드류는 지금 이 순간이라도 차를 돌려야 하는 것인가 생각이 들었다. 하지만 때는 늦었다. 어쩌면 오늘은 루마니아를 들어가서는 안 되는 날이었을지도 모른다. 앤드류의 심장은 그 어느 때보다도 떨리고 있었다.

그때 하나님께서 앤드류에게 불가리아에서 들은 이야기를 떠올리게 해 주셨다. '신실하게 하나님의 뜻을 받들고 나아가는 선교의 길은 실패라고 할 수 없다.' 선교의 실패는 나아감에 있어 두려움을 갖는 것이었다. 앤드류는 자신이 무엇을 해야 할지 이미 알고 있었다. 그는 용기를 갖고 이 상황을 믿음으로 맞서기로 했다. 하나님께서 분명히 다 뜻대로 행하실 것이었다.

"하나님."

앤드류는 숨겨 놓은 루마니아어 성경책들을 꺼내 품에 안았다. 그리고 하나님께 기도했다.

"하나님, 오직 하나님만 행하실 수 있고 찬양 받으실 수 있는 기적이 일어나기를 바랍니다. 저는 이 성경책을 지금 제 자리 옆에 둡니다. 하나님의 뜻대로, 누구도 부정할 수 없는 하나님의 승리를 이루게 해 주세요."

앤드류는 성경책을 바로 옆자리에 쌓아 두었다. 그리고 이제 앤드류의 검문 차례가 됐다. 국경 경비병은 앤드류에게 손짓을 하고 있었다. 긴장감으로 심장은 요동치고 입안은 바싹 말라왔다. 앤드류의 차는 검색대 앞쪽으로 이동했다.

경비병은 앤드류의 서류와 여권을 살펴보기 시작했다. 앤드류는 차를 세우고 내리려고 준비했다. 그런데 경비병이 차 문을 잡고 있어 밖으로 나갈 수가 없었다. 그리고 1분이 채 지나지도 않아 경비병은 서류를 돌려주며 심사가 모두 끝났으니 이제 가라는 듯 손을 흔들어 보였다.

앤드류는 너무 놀라 멍하니 경비병이 손짓하는 것을 보고만 있었다. 앞 차만 해도 1시간이 넘도록 걸린 일이 단 1분도 걸리지 않았다. 다시 한번 경비병이 앤드류에게 가라는 손짓을 했다. 정말 가도 되는지 확신이 들지 않았다. 앤드류는 경비병이 길을 막으며 소리치지는 않을까 걱정하며 조심스레 차를 움직였다. 하지만 그 누구도 앤드류의 차를 막는 사람은 없었다. 거울을 통해 뒤쪽을 슬쩍 보니, 앤드류 바로 뒤에 있던 차가 검문소로 들어오는 것이 보였다. 앤드류는 차를 좀 더 빨리 몰았다. 다시 뒤쪽을 흘깃 보니, 경비병은 또다시 차 안의 사람을 내리게 한 뒤 차의 엔진룸까지 샅샅이 검색하고 있었다. 그 장면을 본 앤드류는 가속 페달을 힘차게 밟고 얼른 큰길로 빠져나왔다. 앤드류가 방금 겪은 일은 정말 기적이 아닐 수가 없었다.

****

하나님께서 행하신 기적에 들뜬 앤드류는 여행의 첫 도착지인 마을로 서둘러 갔다.

"혹시 가까운 교회가 있는 방향을 알 수 있을까요?"

앤드류가 어느 가게에서 물건을 사며 교회 위치를 물었다. 그러자 점원은 앤드류를 노려보고서는 마지못해 큰 교회의 위치를 알려 줬다. 루마니아 정부는 작은 교회들을 통합하고, 교리와는 관계없이 모든 성도를 큰 건물에서 같이 예배 드리도록 제한하고 있었다. 그리고 통합된 작은 교회들이 소유하던 건물이나 물건들은 모두 정부의 것으로 만들었다.

앤드류는 가게 점원이 알려 준 교회에 가서 예배를 드렸다. 예배가 끝난 뒤, 앤드류는 루마니아어와 독일어를 구사하던 교회 직원에게 다가갔다.

"따로 이야기를 할 수 있을까요?"

교회 직원은 고개를 끄덕이고서 건물을 빠져나가더니 최대한 빠르게 교회 건물에서 멀어졌다. 앤드류는 그가 좀 더 안전한 곳으로 간다고 생각하고 조금 떨어져서 따라갔다. 교회 직원은 어떤 작은 집으로 들어갔다. 앤드류는 근처에 감시하는 사람이 없는지 살펴보고 기다리다가 문을 두드렸다. 몇 분 뒤, 집에서 나온 교회 직원은 앤드류를 끌어당겨 안으로 들인 뒤 문을 쾅 하고 닫았다.

교회 직원은 앤드류에게 씩씩거리며 말했다.

"대체 여기서 뭘 하려는 겁니까?"

"당신과 이야기를 하려고 왔죠. 제가 혹시나 도울 일이 있을까 해서요."

"무슨 말이죠? 당신이 뭘 해 줄 수 있는데요?"

앤드류의 말에 교회 직원은 날카롭게 이야기했다.

"글쎄요. 예를 들어, 성경책 같은 것 말입니다. 제가 성경책을 좀 갖고 있는데 혹시 필요하신가요?"

순간, 격하게 반응하던 교회 직원의 눈빛이 부드러워졌다.

하지만 그것도 잠시 다시 의심의 눈초리로 되물었다.

"루마니아에 성경책을 갖고 왔다고요? 성경책을 숨기고 국경을 넘어왔다는 말인가요?"

앤드류는 웃으며 말했다.

"네, 그렇습니다. 필요하신가요?"

교회 직원은 잠시 앤드류를 바라보다가 무뚝뚝하게 말했다.

"아니요. 성경책도, 당신의 도움도 필요하지 않습니다. 우리를 그냥 내버려 두세요. 이 집에 다시 올 생각도 하지 말고요. 루마니아에서 교회를 다니고 하나님을 믿는 사람, 그 누구의 집도 가지 말아요. 알겠습니까?"

일주일도 채 지나지 않아, 앤드류는 또 다른 교회 사람을 만났다. 그는 이전 사람과 다르게 앤드류를 너무나도 반갑게 환영했고, 사무실에서 잠시 기다리라고 했다. 조금 뒤, 금방이라도 쓰러질 것 같은 나이 든 남자가 방으로 들어왔다. 남자는 책상 쪽을 가는 그 짧은 거리에도 숨을 쌕쌕거리며 몰아쉬었다. 그는 루마니아 전국 교회 연합회 회장인 게오르그Gheorghe였다. 그 옆에는 비서 이온Ion이 서 있었다. 그들은 손을 맞잡고 간단히 서로를 소개했다. 하지만 그 뒤에 대화가 이어지지 않았다. 앤드류는 루마니어를 할 줄 몰랐고, 나머지 두 사람은 영어나 네덜란드어를 할 줄 몰랐다. 그들은 서로를 쳐다보기만 했다. 그러다가 앤드류가 게오르그 책상 위에 있는 낡은 성경책 하나를 발견하면서 번쩍 아이디어가 떠올랐다.

앤드류는 자신의 네덜란드어 성경책을 꺼내고, 고린도전서 16:20 말씀을 찾았다. 그리고 게오르그와 이온에게 보여 줬다. 성경책 속 구절들은 다른 나라말이라도 똑같이 구분돼 있을 터였다. 게오르그는 재빨리 루마니아 성경책을 집어 들고, 앤드류가 펼친 구절과 같은 구절을 가리켰다. 게오르그와 이온은 성경 구절을 읽기 시작했다.

"모든 형제도 너희에게 문안하니 너희는 거룩하게 입맞춤으로 문안하라"고린도전서 16:20.

두 사람은 서로를 바라보더니 앤드류를 향해 미소 지었다. 게오르그의 손가락이 이번에는 잠언 25:25을 가리키고 있었다. 앤드류는 자신의 네덜란드어 성경책을 펼쳐 읽어봤다.

"먼 땅에서 오는 좋은 기별은 목마른 사람에게 냉수와 같으니라"잠언 25:25.

앤드류는 크게 웃었다. 게오르그와 이온도 함께 따라 웃었다. 앤드류는 이번에 빌레몬서 4절과 5절 말씀을 펴 보였고, 게오르그와 이온도 루마니아 성경책에서 같은 구절을 찾았다.

"내가 항상 내 하나님께 감사하고 기도할 때에 너를 말함은 주 예수와 및 모든 성도에 대한 네 사랑과 믿음이 있음을 들음이니"빌레몬서 1:4-5.

이온은 게오르그가 들고 있던 성경책을 받아 빌레몬서 7절을 가리켰다. 앤드류도 네덜란드어로 된 성경책에서 같은 구절을 찾아 읽고 눈물이 고였다.

"형제여 성도들의 마음이 너로 말미암아 평안함을 얻었으니 내가 너의 사랑으로 많은 기쁨과 위로를 받았노라"빌레몬서 1:7.

세 사람은 그렇게 하나님의 말씀으로 대화를 나눴다. 신실한 말씀이 담긴 책장을 넘겨가며 자신들이 하고 싶은 이야기를 찾아 나눴다. 세 사람에게 허락된 시간이 끝나갈 때 그들은 누구보다도 빠르게 친구가 되어 있었다. 서로에게 그 어떤 말도 입 밖으로 내지 않았지만, 하나님의 언어로 대화하는 세 사람은 사랑의 언어로 서로의 마음을 충분히 전할 수 있었다.

앤드류는 루마니아 지방 도시를 여행하기 시작한 지 2주가 지나서야 통역해 줄 사람을 찾을 수 있었다. 그리고 불가리아와 마찬가지로 점점 많은 사람이 믿음의 길에서 돌아서서 정부가 시키는 대로 따르고 있다는 이야기를 들었다. 몇몇은 루마니아를 떠나 자유롭게 신앙생활을 할 수 있는 곳으로 이주하고 있었다. 아주 극소수의 사람들은 이곳에 남아 절실하게 믿음을 붙들고 있었다. 그들의 이야기는 무척이나 감동적이었다.

트란실바니아Transylvania에서 앤드류는 한 양계농장을 운영

하는 가족들을 만났다. 이들은 교회를 다닌다는 이유로 정부에 땅을 빼앗겨야 했다. 다행히 일부는 지킬 수 있었지만, 매년 일정량의 달걀을 정부에 바쳐야만 했다. 수확량은 턱없이 부족했고 정부에서 원하는 양을 맞출 수 없어 시장에서 사 와야만 했다.

"왜 루마니아를 떠나지 않나요? 이 농장이 선생님께 그렇게 중요한 곳인가요?"

앤드류는 그 작은 농장을 돌며 물었다. 농장 주인과 부인은 고개를 강하게 저었다.

"우린 결국 이 농장을 잃게 되겠죠. 하지만 우리는 루마니아를 사랑합니다. 예전의 아름다웠던 그리고 언젠가 그렇게 다시 변화될 내 나라를 기대하고 사랑하고 있습니다. 우리는 그저 내 나라 땅을 지키는 게 옳다고 생각해서 머무는 거죠. 게다가 우리 믿는 사람들이 모두 떠나면 누가 남아 이곳을 위해 기도할까요?"

하지만 모두가 트란실바니아 양계농장 주인 같지는 않았다.

얼마 떨어지지 않은 곳에서는 정부의 탄압과 처형으로 남편인 목사님을 잃은 사모님도 있었다. 사모님의 믿음은 날로 약해지고 있었다. 사모님은 다른 비슷한 사연을 가진 이들과 같이 공허한 눈으로 앤드류에게 말했다.

"저도 한때는 사람들이 우리를 위해 기도해 주고 있다고 믿었죠. 그런데 이제는 우리가 사람들에게 잊혀졌다고 생각하는 게 훨씬 마음이 편합니다. 어떤 때는 하나님도 우리를 잊어버리셨다고 생각해요."

앤드류는 어떤 상황에서도 하나님은 우리를 버리시는 분이 아니라며 사모님을 위로했다. 낙심한 사람들 모두에게 해 주고 싶은 말이었다. 하지만 앤드류의 비자 유효기간이 거의 다 되어 가고 있었고, 앤드류의 아이가 태어날 날이 다가오고 있었다. 무거운 마음을 안은 채 되도록 빨리 돌아오겠다는 약속을 하며, 앤드류는 새롭게 알게 된 루마니아 친구들과 작별인사를 나누고 네덜란드로 향했다. 그때까지만 해도 그 약속을 다시 지키기까지 얼마나 많은 시간이 걸릴지 알 수 없었다.

15. 더 큰 축복과 더 넓은 길

앤드류가 네덜란드 집을 떠난 지 두 달이 훨씬 지난 즈음이었다. 5월 중순 어느 늦은 밤, 앤드류는 자신의 작은 집 현관문을 열고 들어섰다.

"코리, 내가 왔어요! 내가 드디어 집에 왔어요!"

앤드류가 소리쳤다. 집에 온다는 연락을 전혀 받지 못한 코리는 깜짝 놀라며 침대에서 뛰쳐나와 앤드류를 끌어안았다. 두 사람은 해가 중천에 뜰 때까지 함께하지 못한 수많은 시간과 순간을 나눴다.

앤드류와 코리의 아들 요피Joppie는 1959년 6월 4일에 태어났다. 아기 물건을 둘 곳이 마땅치 않아, 앤드류는 조금 더 넓은 집이 필요하다는 생각을 하게 됐다. 늦은 봄이 무더운 여름이 됐고, 기부받은 짐들은 또 쌓여만 갔다. 앤드류와 코리는 대책이 필요하다는 생각이 들었다. 하나님께서 그들의 필요에 맞게 또 기적처럼 새로운 기회의 문을 열어 주시리라 믿었다. 매일 같이 두 사람은 하나님께 기도를 드렸다.

그렇게 또 기적과 같은 때에 앤드류와 코리는 마을 경계에 있는 작은 집 주인을 만나게 됐다. 그날 오후, 앤드류는 집 주인과 이야기를 나누고 필요한 돈을 빌려서 집을 샀다. 하나님께서 앤드류에게 새로운 집과 또다시 선교할 수 있는 기회를 주시기 위해 분명 그 자리에 함께하셨음을 느낄 수 있었다. 집은 거의 다 쓰러져 가기 직전이어서 손 봐야 할 곳이 많았다. 하지만 앤드류와 코리 그리고 요피, 세 식구의 보금자리로는 충분했다.

1959년부터 1960년까지 앤드류는 집을 수리하기도 했고, 네덜란드 전역을 다니며 말씀을 전했으며, 철의 장막으로 여행하는 데 시간을 고루 나눠 썼다. 갈 수 있는 나라들은 최대한 다시 방문하려고 했고, 어떤 나라는 몇 번씩이나 다녀오기도 했다. 앤드류는 러시아로 단체 여행을 다녀오기도 했다. 선교 활동을 하기 위함이 아닌 러시아의 환경과 문화에 익숙해지기 위해 답사를 간 것이었다. 앤드류를 필요로 하는 곳은 점점 늘었고 해야 할 일도 많아졌다. 그리고 앤드류는 그 많은 일로 인해 조금씩 지쳐 가고 있었다.

앤드류는 그의 간증과 여행 후기로 점점 유명세를 얻으며, 그의 이름이 서유럽에 퍼지기 시작했다. 앤드류는 그 때문에 혹시라도 비자 승인을 받을 때 문제가 되는 것이 아닌지 걱정이 됐다. 기도 끝에 앤드류는 강연에서 '브라더 앤드류'Brother Andrew라는 가명을 쓰기로 했다. 앤드류의 진짜 이름을 모르게 해서 그로 인해 생길 수 있는 문제들을 예방하기 위해서였다.

앤드류는 수많은 공산 국가들을 여행해야 했기에 길 위에서 기나긴 시간을 보내야만 했다. 워낙 이동하는 거리가 길다 보니 그는 매년 9개월 정도를 집에서 떠나 있어야 했다. 그래야 여행 중에 성경책과 지원이 필요한 사람을 많이 만날 수 있었다. 요피가 첫돌을 맞을 때까지 앤드류는 가족들과 거의 함께하지 못했다. 때로 안정적인 봉급을 주는 일자리도 제안이 왔지만, 앤드류는 단칼에 거절했다. 앤드류의 여정은 쉽지 않았지만, 그는 자신이 무엇을 해야 하는지 정확히 알고 있었다.

하나님은 1960년에 둘째 아들 마크 피터Mark Peter를 보내 주셨다. 그리고 1961년에는 세 번째 아들 폴 데니스Paul Denis도 보내 주셨다. 앤드류는 코리와 세 아이들과 함께할 때 더할 나위 없는 행복과 안정감을 느꼈다. 앤드류가 집에서 안락함을 느끼며 쉴 때마다 동유럽에서 편지가 왔다. 가끔은 이미 검열이 되어 찢기거나 열려 있었는데, 그 편지들은 대부분 앤드류에게 도움을 요청하는 것이었다. 앤드류는 그 외침들을 모른 체할 수가 없었다. 코리를 바라보니 그녀는 이미 다 알고 있다는 듯 따뜻한 미소를 보냈다. 그리고 두 사람은 함께 또 다른 여정을 위해 짐을 쌌다.

****

동유럽의 상황은 계속 급격히 변하고 있었다. 앤드류는 혼자서 모든 상황에 맞서야 했다. 앤드류가 불가리아에 갔을 때였다. 여러 성도가 그에게 더 있어 달라고 했고 그들과 모임을 약속도 했지만, 루마니아로 여행하는 것이 더 중요하고 급할 것 같다는 생각이 들었다. 앤드류가 1년이 지나 불가리아를 다시 찾았을 때, 모임이나 예배는 더 이상 허락되지 않았다. 앤드류는 이제 같은 뜻을 지닌 동역자들을 찾아야 할 때라고 생각했다. '그들과 함께 얼마나 또 큰일을 이룰 수 있을까?'

당시 상황으로 봤을 때, 공식적인 단체나 조직은 운영할 수 없었다. 쉽게 노출될 수 있었기 때문이다. 하지만 잠 못 이루는 수많은 밤과 강렬한 환상들 속에서 앤드류는 하나님의 말씀이 풍성하게 임하는 모임에 대한 비전을 품기 시작했다. 항상 역동적이고 스스로 행동할 줄 아는 사람들 그리고 어느 나라에서건 그곳 환경에 맞는 사역을 할 수 있는 사람들이 필요했다. 앤드류가 절대 혼자서 할 수 없는 하나님의 사역을 완성할 수 있는 그런 모임이 필요했다. 마음속 계획이 점차 뚜렷해지자 앤드류는 자신의 비전을 코리에게 털어놓았다.

코리는 앤드류의 뜻에 눈물을 보이며 말했다.

"하나님, 감사합니다. 이렇게 말하는 게 너무나 이기적이고 못난 것을 알지만, 사실 나는 당신이 우리 아이들과 시간을 더 보냈으면 했어요. 아이들이 제 이야기를 듣고 상상으로만 그리는 아버지가 아닌, 아이들 옆에 실제로 존재하는 아버지가 되기를 바랐어요. 당신의 계획이 우리에게 그런 기회를 조금이나마 허락하지 않을까요?"

앤드류는 그제서야 그가 가족들과 얼마나 오랜 시간 동안 떨어져 있었는지를 깨닫게 됐다. 코리의 반응은 앤드류에게 필요한 대답이었다. 앤드류는 하나님께 사역을 함께할 동역자를 보내 주시기를 기도했다. 그동안 선교 여행을 하며 배우고 얻은 모든 것을 온전히 전달하고 훈련시킬 수 있는 한 사람이면 충분했다. 그리고 그들이 또 다른 동역자를 훈련하고, 나아가 팀원들이 각자 하나님의 비전 가운데 나아갈 수 있기를 소망했다.

어느 날 밤, 앤드류가 코리에게 물었다.

"하나님께서 내게 보내 주신 동역자를 어떻게 알아볼 수 있을까요?"

"하나님께서 알려 주실 거라고 생각해 보지 않았어요? 그 사람의 이름을 알려 달라고 기도는 해 봤고요?"

코리의 말에 앤드류는 웃음을 터뜨렸다. 그녀의 믿음은 아이와 같이 순수하게 그저 하나님을 완전히 믿는 것이었다. 앤드류와 코리는 머리를 맞대고 함께 기도했다. 그 순간 하나의 이름이 앤드류의 머릿속을 스치고 지나갔다. '한스 그루버Hans Gruber'.

한스는 네덜란드 사람이었지만, 그를 만난 것은 오스트리아에 있는 한 난민수용소였다. 한스는 몸집이 크고 어수룩하고 거친 면도 있었지만, 따뜻한 마음씨를 가진 믿음의 사람이었다. 한스는 어설프게나마 독일어를 할 줄 알았고 물불을 가리지 않는 성격을 지니고 있었다. 그에게 선교는 그다지 어울릴 것 같지 않았다. 하지만 한편으로는 꼭 필요한 인재이기도 했다. 한스의 설교는 사람들을 끌어당기는 힘이 있었다. 또한 그는 뚜렷한 목표와 열정이 가득한 사람이었다. 그래서 앤드류는 누구보다 그가 자신과 함께 사역할 수 있는 사람이라고 생각했다.

그날 밤, 앤드류는 한스에게 러시아로 가는 선교 여행에 함께하지 않겠냐고 제안하는 편지를 썼다. 앤드류에게도 러시아는 어렵고 까다로운 나라였다. 뿐만 아니라 아무 도움 없이 여행하는 것도 처음이었다. 그나마 공산 국가의 제한이 조금 풀리기 시작해서 동역자와 함께하기 가장 좋은 시기일 것도 같았다. 얼마 뒤, 한스는 꼭 함께하겠다는 강한 의지를 담은 답장을 보냈다. 그는 초등학교 6학년 때에 지도에서 러시아의 큰 땅을 보면서, 언젠가 하나님께서 이 땅을 위해 자신을 쓰실 것이라는 느낌을 받았다. 그리고 몇십 년이 흐른 지금에도 한스는 그때의 이끌림을 기억하고 있었고, 하나님은 앤드류의 편지로 응답하셨던 것이다.

앤드류가 가장 처음 한스에게 가르친 것은 운전하는 방법이었다. 한스는 앤드류의 작고 파란 폭스바겐에 그 큰 몸을 구겨 넣고 조심해서 운전하기 시작했다.

하지만 며칠간의 연습에도 한스는 운전면허증을 따지 못했다. 이제 러시아로 출발할 날은 점점 다가오고 있었다. 결국 앤드류는 한스의 연습면허증으로 만족하기로 했다. 더 이상 지체할 시간이 없었다.

앤드류와 한스는 성경책과 캠핑용품을 챙기고 먹을거리와 조리도구도 챙겼다. 짐의 무게 덕분에 차는 점점 내려앉고 있었지만, 두 사람은 계속해서 물건을 챙겨 넣었다. 앤드류는 자신이 머물렀던 위테의 작은 집을 한참동안 응시하더니, 드디어 한스와 함께 3,200km나 되는 여행을 시작했다. 러시아의 수도 모스크바Moscow, 공산주의의 심장으로 가는 길이었다.

16. 러시아의 현실

서독을 지나 동독, 폴란드까지 오는 동안 앤드류는 점점 걱정이 커졌고 한스는 점점 더 설레었다. 국경에 가까워질수록 앤드류는 짐의 무게에 눌려 내려앉은 폭스바겐이 신경 쓰였다. 짐을 너무 많이 실은 것이다. 차에 실린 짐은 거의 러시아에서 금지된 것들이었다. 국경에서 어떤 상황이 생길지 알 수 없었다.

러시아의 국경에 도착한 두 사람은 한 가지 방법을 생각해 냈다. 초소에서는 한 사람만 말을 하고, 나머지 한 사람은 경비병의 눈을 피해 조용히 기도하는 것이었다. 그들은 하나님께서 경비병의 눈을 보이지 않게 가리셔서 이 짐 꾸러미가 보이지 않기를 원했다.

검문소에 도착하자마자, 앤드류는 그곳 경비병들과 짧게 인사를 나눴다. 그사이 한스는 경비병들 몰래 열심히 기도를 했다. 검문을 하던 경비병은 차 안의 짐들보다 자동차에 더 관심을 보였다. 그리고 바로 앤드류와 한스의 서류에 도장을 찍고 돌려줬다.

"러시아에 오신 걸 환영합니다."

경비병은 손을 흔들며 바리케이드를 치워줬다. 러시아에서의 여행이 이제 시작됐다. 국경에서 모스크바까지는 약 1,000km나 떨어져 있었다. 러시아 시골길을 달리는 중에 앤드류는 러시아로 단체 여행을 왔던 기억이 떠올랐다.

"몇 년 전 모스크바에 여행온 것이 기억납니다. 나는 처음으로 주일 일정이 없을 때, 모스크바에서 단 하나밖에 없는 장로교 교회를 갔답니다."

"교회가 그때까지도 살아 있었군요?"

한스의 물음에 앤드류는 웃었다.

"살아 있었다고요? 거의 터질 지경이었죠. 교회 안에 사람들이 꽉 차 있었으니까요."

사실 그곳에서 앤드류를 깜짝 놀라게 했던 예배 순서가 하나 있었다.

"설교를 하는 중에 사람들이 종이비행기를 예배당 저 뒤에서부터 앞으로 보내오더군요."

"그게 무슨 상황이었나요?"

"그건 기도제목이었어요. 그렇게 기도제목을 종이에 적어 비행기를 접은 후 앞으로 보내면, 목사님들이 걷어가셨죠. 설교가 끝나면 그중 몇 개를 뽑아 다 같이 기도를 하더군요."

앤드류와 한스는 오랜 시간 달려 모스크바에 도착했다. 그들은 러시아 정부에서 지정한 캠핑장을 찾아 텐트를 펼쳤다. 그리고 무거운 성경책 짐 꾸러미를 풀기 시작했다.

그때 한스가 앤드류에게 조용히 속삭였다.

"우리를 지켜보는 사람이 있습니다. 조심하세요."

앤드류는 아무렇지 않은 척하며 재빨리 성경책 대신 주전자와 휴대용 난로를 꺼냈다. 초록색 군복을 입고 캠핑장을 돌아다니던 남자는 앤드류가 커피를 타기 시작하자 어딘가로 사라졌다. '짐을 푸는 것조차 쉽지 않은 이곳에서 성경책을 어떻게 나눠 줘야 할까?'

****

두 사람은 성경책을 들고 앤드류가 이전에 방문했던 교회에 예배를 드리러 가기로 했다. 주중에 열리는 예배임에도 교회는 사람들로 가득했다.

예배가 끝나고, 앤드류와 한스는 누군가와 이야기할 수 있기를 바라며 입구 주변을 서성거리고 있었다. 예배를 드리는 동안 앤드류는 그의 옛 친구 이반호프Ivanhoff를 찾아봤지만 그는 보이지 않았다. 이반호프는 앤드류가 앞서 러시아에 여행왔을 때 이 교회에서 만난 연락책이었다. 앤드류는 계속 이리저리 왔다갔다하며, 하나님께서 적합한 사람을 만나게 해 주실 것을 기도했다. 옆을 보니 한스도 자신과 똑같이 하고 있었다.

순간 앤드류의 눈에 마르고 머리숱이 적은 한 남자가 눈에 들어왔다. 그는 힘없이 벽에 기대어 서 있었다. 앤드류는 바로 저 사람이라는 생각이 들었다.

두 사람은 주저 없이 그 남자에게로 향했다. 그리고 서툰 러시아어와 독일어를 섞어 쓰며 말을 걸자, 남자의 얼굴이 갑자기 밝아졌다. 그는 독일에서 이민 온 2세대로 시베리아Siberia에서 살고 있었다.

"시베리아에서 여기 모스크바에는 어떻게 오게 됐나요?"

"사실 저는 우리 교회 일로 여기까지 왔습니다. 우리 교회는 약 150여 명의 성도들이 있는데, 성경책이 한 권도 없거든요. 그런데 어느 날 저는 모스크바에 가서 성경책을 가져오라는 하나님의 음성을 들었습니다. 처음에는 모르는 척했어요. 모스크바에도 성경책은 너무나 귀한걸요. 그러나 하나님의 말씀에 순종하고자 이곳에 왔답니다."

앤드류와 한스는 서로를 보며 웃었다. 그들이 해야 할 다음 일을 너무도 잘 알 것 같았다. 한스는 품 안에서 러시아어 성경책을 꺼내 보였다.

"성경책을 받아 가기 위해 하나님께서 보내신 겁니다. 그리고 저희는 이 성경책을 당신에게 전해 드리기 위해 하나님께서 보내신 거고요."

앤드류는 시베리아에서 온 남자에게 성경책을 건넸다. 남자는 손에 들린 성경책을 가만히 바라보더니 울기 시작했다. 그리고 앤드류와 한스를 껴안고 연신 고맙다는 인사를 했다. 앤드류는 성경책이 더 있으니 다음 날 아침 10시에 교회 앞에서 만나자고 남자와 약속하고 헤어졌다.

다음 날 아침, 앤드류와 한스는 다시 교회로 갔다. 그러나 약속 시간이 지나도록 그는 보이지 않았다. 그때 어디선가 앤드류를 부르는 자그마한 소리가 들렸다.

"안녕하세요, 브라더 앤드류."

앤드류는 주위를 두리번거렸다. 목소리의 주인공은 이반호프였다. 그들은 오래 떨어져 지낸 친구처럼 서로를 꼭 껴안았다. 그런데 이반호프는 이내 심각한 표정으로 말했다.

"어제 만나셨던 그 친구는 안 올 겁니다. 이곳에는 비밀경찰들이 늘 있죠. 그들이 어제 세 분을 본 모양입니다. 경찰들이 그 친구에게 외국인과 접촉하지 말라고 경고했을 겁니다."

앤드류의 어깨가 무겁게 내려앉았다. '하나님은 왜 어제 그런 귀한 만남을 있게 하시고 오늘은 그 만남을 막으시는 걸까?'

이반호프는 계속 말을 이어갔다.

"그 친구에게 전하려던 것이 있죠? 얼마나 갖고 계십니까?"

"4권이요."

"그럼 제게 주세요. 제가 그 시베리아 친구에게 어떻게든 전달해 보겠습니다."

앤드류는 잠시 망설였다. '이반호프를 믿을 수 있는 걸까? 혹시 이것 또한 함정인가?' 앤드류는 눈을 감고 잠시 기도를 했다. 얼마 후 평화가 그의 마음에 내려앉았다. 앤드류와 한스는 고개를 끄덕인 후 신문지로 싼 성경책들을 이반호프의 손에 들려줬다.

"더 있습니다."

앤드류가 갑자기 말을 꺼내자, 이반호프는 주변을 돌아봤다.

"소리를 낮추세요. 얼마나 더 있나요?"

"100권은 더 있을 겁니다."

한스의 말에 이반호프의 몸이 휘청거렸다.

"정말입니까? 장난하는 건 아니시죠?"

앤드류와 한스는 고개를 강하게 저었다. 이반호프의 얼굴에 희망과 슬픔이 동시에 떠올랐고 두 눈에는 눈물이 고였다.

"저는 주님을 사랑합니다. 하지만 감옥에 다시 갈 수는 없어요. 그 고통은 다시 견디지 못하겠습니다. 죄송하지만, 두 분을 도와 드리지는 못할 것 같습니다."

앤드류는 이반호프의 어깨에 가만히 손을 올렸다.

"형제님을 충분히 이해합니다. 형제님을 비난하거나 원망하지 않습니다. 혹시 우리를 도울 만한 분이 있을까요?"

앤드류의 질문에 이반호프는 조용히 생각에 잠겼다. 그리고 곧 그의 얼굴이 밝아졌다.

"마르코프Markov가 있군요! 그 친구라면 분명 두 분께 큰 도움이 될 겁니다. 제가 만날 수 있게 해 드리죠. 오늘 오후 1시에 굼GUM 백화점(번역자 주: 붉은 광장에 위치한 러시아 최고급 백화점이다) 앞에서 기다리시죠. 마르코프가 두 분을 찾아갈 겁니다."

이반호프는 두 사람이 준 성경책들을 품에 안았다.

"이건 제가 전하겠습니다. 4권 정도는 문제없을 겁니다. 그런데 두 분은 정말 조심하셔야 합니다. 하나님께서 두 분과 함께하실 것을 믿습니다."

이반호프는 몸을 돌려 교회를 재빨리 빠져나갔다. 앤드류와 한스는 캠핑장으로 돌아와 그들의 여정을 위해 기도했다.

그리고 앤드류는 성경책을 공산 국가들로 밀반입하는 선교를 시작한 이후 처음으로 이렇게 기도했다.

"우리의 행동을 주시하는 모든 눈을 멀게 해 주세요."

시계가 정확히 1시를 가리키고 있었다. 앤드류와 한스는 백화점 앞에 차를 세웠다. 그러자 한 남자가 운전석 창문 쪽으로 다가와서 섰다.

"브라더 앤드류?"

"마르코프 씨군요. 만나게 돼서 반갑습니다."

마르코프와 앤드류는 서로를 확인했다.

"우리가 할 일은 꽤나 위험합니다. 그러니 이 성경책 전부를 붉은 광장 중심부에서 보란듯이 옮겨 봅시다."

앤드류는 눈썹을 휙 들어 올렸다. 자신이 잘못 들은 줄 알았다. 붉은 광장은 그야말로 공산주의의 중심지였다. 하나님이 없는 나라의 중심 광장이었다.

"저를 따라오세요."

마르코프가 자신의 차 쪽으로 향해 가며 두 사람을 불렀다. 앤드류와 한스는 그의 차를 따라 붉은 광장 옆쪽의 좁은 길가에 차를 세웠다. 이후 마르코프는 자신의 차 뒷문을 열었다.

"기도해 주세요."

앤드류는 한스에게 기도를 부탁하며 차 밖으로 나갔다. 그리고 그는 꺼낼 수 있는 최대한 많은 양의 성경책을 꺼내 상자와 가방에 담은 뒤 마르코프의 차에 실었다. 그렇게 그들은 탁 트인 장소에서 성경책을 몇 번에 걸쳐 옮겨 실었다. 누가 자신들을 감시하는지 알 수 없었다. 그들은 그저 하나님께서 모든 사람의 눈을 가려 주시기를 기도했다. 그리고 하나님은 정말 그렇게 하셨다.

"감사합니다. 다음 주면 이 성경책들은 러시아 전 지역 교회에 전달될 겁니다.”

그렇게 말하는 마르코프의 눈은 촉촉해져 있었고, 입술은 바르르 떨리고 있었다. 마르코프는 차에 올라타고 그 길로 떠났다.

“이제 기도 그만해도 될까요?”

한쪽 눈만 뜬 채 한스가 물었다.

“아, 한스.”

앤드류는 크게 웃으며 말했다.

“기도를 멈추면 어떡합니까? 우린 우크라이나에 가야 하는데. 그리고 하나님께서 우리에게 예비하신 길이 무엇인지 누가 안답니까!”

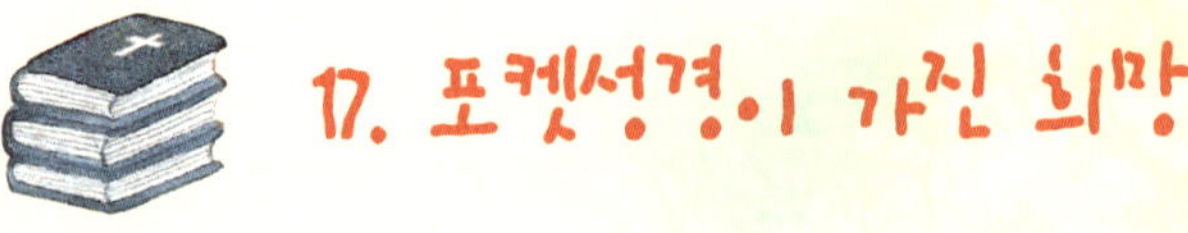

17. 포켓성경이 가진 희망

우크라이나에서의 여정은 꽤나 순조롭게 지나가고 있었다. 앤드류와 한스는 네덜란드로 돌아가는 길에 우크라이나 지방 도시들을 거치며 곳곳의 교회에 들러 성경책을 나눠 줬다. 그들이 한 작은 교회에 들렀을 때, 나눠 줄 성경책은 2권밖에 남지 않았다. 그런데 그 교회에서 그들은 새로운 선교의 비전을 발견하게 됐다.

우크라이나의 그 작은 시골 교회에서 앤드류는 어느 한 남자 성도가 가져온 집안의 보물을 보게 됐다. 그것은 바로 손바닥만한 크기의 우크라이나어 포켓성경이었다. 앤드류는 보고도 믿기지가 않았다. 포켓성경에 인쇄된 글씨는 아주 작았지만 보는 데 불편함이 없었다. 책장은 양파 껍질만큼이나 얇았다.

"이 안에 모든 성경 말씀이 들어 있다고요?"

의심의 눈초리로 묻는 앤드류에게 남자가 말했다.

"완전한 성경이죠."

앤드류는 그 작은 성경책을 자신이 가져온 우크라이나어 성경책에 대봤다. 포켓성경은 원래 성경책 크기에 4분의 1밖에 되지 않았다. 앤드류는 호기심이 넘쳐 나기 시작했다.

"이건 어디서 인쇄한 건가요? 어떻게 사셨습니까?"

남자는 그저 고개를 저으며 미안해했다.

"저도 잘 모릅니다. 언제부턴가 집에 있더군요. 언제 어디서 사 온 건지는 잘 모르겠어요."

앤드류는 포켓성경을 자세히 들여다봤다. 이렇게 작은 성경책을 인쇄할 생각을 한 것도 믿기지 않았지만, 이 성경책이 자신의 선교에 얼마나 큰 도움을 줄 수 있을지 생각만 해도 가슴

이 벅차올랐다. 우크라이나어로 이렇게 훌륭히 인쇄할 수 있다면, 다른 언어도 충분히 가능할 것이었다. 그리고 차 안에 일반 성경책 12권을 숨겨 넣을 수 있는 공간에 이 포켓성경을 50권정도 넣을 정도면 충분히 숨길 수 있을 것 같았다. 이렇게 작은 성경책은 숨기기에도 쉽고, 나눠 주는 것도 쉬웠다. 앤드류의 마음속에 포켓성경에 대한 비전이 점점 커지고 있었다.

"그 성경책이 선교사님께 훨씬 더 필요하겠죠? 그래서 제가 제안을 하나 드리려고요. 갖고 계신 남은 2권의 성경책을 우리 교회에 주시면, 제가 이 포켓성경을 드리겠습니다."

그렇게 거래는 성사됐고, 앤드류와 한스는 포켓성경을 손에 넣은 채 마을을 떠났다. 앤드류는 포켓성경을 네덜란드로 가져가서, 이 작은 성경책과 똑같이 만들어 줄 수 있는 출판사와 인쇄소를 찾을 계획이었다. 그 계획이 성공한다면, 그는 이 작은 물건으로 세상을 바꿀 수 있을 것이었다.

우크라이나에서 마지막 주일을 보내고 있을 때였다. 앤드류와 한스는 헝가리 국경과 맞닿은 마을의 한 교회를 방문했다. 교회 안에는 1,000여 명의 사람들로 꽉 차 있었다. 모두가 하나같이 열정적으로 기도했고 큰 소리로 찬양했다. 그런데 설교 시간이 되자 갑자기 목사님이 강단에서 내려왔다. 성도 중 한 사람이 목사님에게 큰 책 하나를 건네줬다. 목사님은 빌려온 책을 펼쳐서 읽어 내려가기 시작했다. 앤드류는 그제야 목사님이 빌린 책이 성경책인 것을 알 수 있었다. 그 수많은 성도를 이끄는 목사님에게조차 성경책이 없다는 사실이 믿기지 않았다.

예배가 끝난 후, 앤드류와 한스는 목사님을 만났다. 목사님은 창문 밖 잿빛의 거리를 안타까움이 섞인 눈빛으로 바라보며 말했다.

"목사인 저도 성경책이 없습니다."

목사님의 덤덤한 목소리는 앤드류의 마음을 아프게 했다. 이미 챙겨왔던 우크라이나어 성경책은 사람들에게 다 나눠 줘서 목사님에게 줄 수 있는 여분이 없었다. 가진 것이라고는 차 운전석 밑에 숨겨둔 작은 포켓성경 하나뿐이었다. 앤드류는 잠시 주저했다. 그 포켓성경은 적당한 출판사를 찾으면 수백만 개를 더 만들 수 있는 표본이었다. 하지만 이 작은 교회의 목사님과 그 성도들의 간절한 마음이 앤드류에게 전달됐다.

앤드류는 자리에서 일어나며 말했다.

"잠시만 기다리시죠, 목사님. 제가 드릴 게 있습니다."

앤드류는 차로 달려가 포켓성경을 꺼내어 들었다. 그리고 목사님 앞에 있던 책상 위에 올려 두었다. 목사님은 멍하게 포켓성경을 바라보다가 물었다.

"이게 뭡니까?"

"성경책이죠. 이제 목사님 성경책입니다. 어디서 빌려오실 필요가 없죠."

목사님은 떨리는 손을 뻗어 성경책을 집어 들었다. 그리고는 감격한 목소리로 기쁨의 함성을 내지르며, 교회의 어른들을 방으로 불러모았다. 들어온 사람들 모두 포켓성경을 보며 서로 기쁨을 나누고 앤드류와 한스에게 감사 인사를 건넸다.

****

헝가리 국경을 향해 출발하는데, 한스가 앤드류에게 물었다.

"그 포켓성경은 출판사에 보여 주기 위해 챙겨두신 게 아니

었나요?"

"그랬죠. 하지만 제게 성경책이 있을 때 누군가에게는 한 권도 없었으니…."

"이해합니다."

"저는 하나님께서 제 손에 그 포켓성경을 들려주신 이유는 네덜란드 출판사를 찾아가서 보여 주라고 하신 줄 알았죠. 하지만 이제 보니 저 목사님의 손에 전달해 드리기 위해서였던 것 같네요. 이럴 때 저는 제가 하나님의 큰 그림을 보지 못했다는 걸 뒤늦게 알게 됩니다. 그리고 제 의지가 하나님의 의지가 아니라는 것도요. 저는 아직 하나님의 큰 뜻을 다 이해하고 실천하기에는 배워야 할 것이 많은 사람인가 봅니다."

****

네덜란드로 돌아온 앤드류는 포켓성경을 만드는 일에 더욱 집중했다. 앤드류가 연락할 수 있는 모든 출판사, 성경모임, 사람들에게 도움을 청했다. 하지만 새로운 성경책을 만들기에는 돈이 부족했다. 앤드류는 결국 이 포켓성경 사업을 시작하기 위한 헌금을 모으기 시작했다. 앤드류의 마음은 조급해졌지만, 결국 이 사업을 위한 돈은 하나님의 때에 마련될 것임을 의심하지 않았다. 앤드류는 하나님의 시간이 언제나 정확하고 올바른 때였음을 이미 잘 알고 있었다.

그러는 동안, 앤드류와 한스가 해야 할 일은 더 쌓여갔다. 두 사람은 각자 다른 나라를 동시에 다녀오기도 했다. 성경책과 도움이 필요한 곳은 많았지만, 모두에게 닿을 수는 없었다.

"우리는 사람이 더 필요합니다."

1962년 어느 여름밤, 한스가 말을 꺼냈다. 두 사람은 곧바로 기도를 시작했다.

"롤프Rolf는 어떨까요?"

기도하던 앤드류와 한스는 동시에 머리를 들며 말했다.

"그래요. 그럼 결정이 난 것 같군요. 롤프와 함께합시다."

그날 밤, 앤드류는 롤프에게 편지를 썼다. 롤프는 이제 막

대학원을 졸업한 네덜란드 학생이었다. 롤프는 처음에 제안을 거절했지만, 며칠 후 하나님의 인도하심에 순종하기로 했다. 롤프는 자신의 능력에 대한 확신은 없었지만, 팀에 합류하자마자 한스와 함께 루마니아로 떠났다. 롤프가 돌아왔을 땐 남아 있던 의심도 싹 사라졌다. 그는 새로운 비전을 품게 됐고, 다음 선교 여행을 가기만을 기다렸다.

한편, 포켓성경 사업을 하기에는 돈이 아직도 부족했다. 어느 날 밤, 앤드류는 실망 가득한 마음으로 코리와 함께 탁자에 앉아 있었다.

"코리, 우리가 이 집을 팔면 얼마나 받을 수 있을까요?"

앤드류의 말에 코리의 얼굴은 새하얘졌다. 그녀는 불러온 배를 어루만지며, 그 큰 눈으로 앤드류를 바라봤다.

"앤드류, 우리에겐 이미 3명의 아들이 있어요. 그리고 곧 넷째가 태어나요. 이 집을 팔 수는 없어요."

몇 주 후, 넷째 스테파니Stephanie가 태어났다. 그 후 몇 달간은 새로 태어난 아이를 돌보느라 정신이 없었다.

그러던 어느 날 밤, 아이들이 다 잠들고 난 후 코리가 앤드류에게 다가와 말했다.

"앤드류, 저는 이 집이 더 이상 필요 없을 거 같아요. 우리가 어디에서 뭘 할지는 모르겠지만, 저는 결심했어요."

"정말 괜찮겠어요?"

고개를 끄덕이는 코리의 눈은 반짝반짝 빛나고 있었다.

"전에 했던 말 기억해요? 우리 앞에 어떤 길이 펼쳐질지 모르지만…."

앤드류는 아내를 꼭 안아주며, 그녀의 말을 이어 끝냈다.

"우리는 그 길을 함께 걸을 거라고."

****

두 사람은 집을 팔려고 내놓았지만, 아무도 보러오지 않았다. 그러던 어느 오후, 앤드류는 네덜란드 성경 모임에서 전화 한 통을 받았다. 그들은 앤드류에게 들은 포켓성경 사업에 대한 꿈을 떨쳐낼 수가 없었다고 했다. 앤드류가 출판사와 인쇄소를 연결해 주면, 성경책을 만드는 데 필요한 비용의 절반을 지불하겠다고 했다.

전화기를 들고 있던 앤드류는 호흡이 가빠졌다. 그렇게만 된다면, 지금까지 모은 돈으로도 충분히 포켓성경을 만들 수 있었다. 집도 팔지 않아도 됐다. 코리에게 소식을 전하고, 두 사람은 기쁨의 춤을 췄다. 하나님께서 두 사람이 자신들의 모든 것을 내려놓고 삶을 내어 드리고자 한 마음을 아시고 그들이 기대한 것 이상의 보답을 해 주신 것이다.

포켓성경은 드디어 현실이 됐다! 1964년, 포켓성경의 초판이 위테에 도착했다. 모두가 넘치는 기쁨을 감출 수 없었다.

그해 5월 16일, 앤드류와 롤프는 650권의 포켓성경을 들고 러시아로 향했다. 그 당시 러시아에서는 성경책 1권이 소 1마리의 가격이었다. 그리고 법에 따라 그 정도 고가의 물건을 밀반입하는 경우에는 총살을 당할 수도 있었다. 두 사람 모두 이 일이 위험하다는 것을 알고 있었지만, 성경책을 기다리는 사람들도 있다는 사실도 알고 있었다.

모스크바에서 첫 일요일을 맞아, 앤드류는 롤프를 데리고 이전에 갔던 큰 교회로 향했다. 예배당은 여전히 사람들로 꽉 차 있었다. 그리고 앤드류는 이반호프를 찾을 수 있었다. 이반호프도 앤드류와 눈이 마주쳤다. 두 사람의 입가에 희미한 미소가 스쳐갔다.

예배가 끝나고 앤드류와 롤프는 사람들 속에서 이반호프를 찾아 다녔다. 그때 앤드류의 뒤에서 목소리 하나가 들렸다.

"러시아에 오신 걸 환영합니다."

앤드류는 바로 뒤를 돌아봤다. 마르코프였다. 둘은 서로를 바라보며 미소를 지었다.

앤드류는 롤프를 소개하며 말했다.

"우리가 선물을 가져왔습니다."

"그것참 멋진 일이군요!"

"우리 어디 다른 데 가서 이야기할 수 있을까요?"

앤드류가 묻자, 마르코프는 이전에 그들이 만났던 장소를 제안했다. 붉은 광장 바로 옆 그곳이었다. 앤드류는 몸서리를 쳤다. 굳이 애써 그렇게 위험한 일을 벌이고 싶지는 않았다.

수심 가득한 앤드류의 얼굴을 본 마르코프는 오후 5시에 스몰렌스크Smolensk(번역자 주: 모스크바에서 320km 정도 떨어진 도시다)로 향하는 도로 위 '모스크바'가 적힌 파란색 이정표 밑에서 만나자고 했다. 그렇게 서로 약속을 한 후, 그들은 아무 일도 없었던 것처럼 행동하며 헤어졌다.

그날 오후, 롤프가 새로 사서 몰고 온 트럭을 모스크바 근처에 세웠다. 앤드류는 차 뒤쪽으로 가 성경책 꾸러미를 풀었다. 예전 모스크바에서 위험을 무릅쓰고 성경책을 옮기던 기억이 되살아나는 듯했다. 앤드류와 롤프는 기대감과 두려움이 동시에 몰려와 떨고 있었다.

그때 롤프가 앤드류를 쳐다보며 말했다.

"우리가 왜 이렇게 두려워하고 있는 걸까요? 우리는 하나님의 일을 하고 있지 않습니까? 그리고 그분이 모든 걸 주관하실 텐데요. 주님은 독수리와 같은 눈으로 우리를 지켜보고 계실 겁니다."

그 말과 함께 롤프는 힘차게 찬송가를 부르기 시작했다.

앤드류도 함께 따라 부르기 시작했다. 두 사람이 탄 트럭은 큰 노랫소리로 요동을 치며, 스몰렌스크로 가는 길을 달렸다.

정확히 5시가 됐을 때, 그들은 파란색 이정표 아래로 차를 세웠다. 얼마 지나지 않아, 마르코프의 차가 불빛을 깜빡이고서 앤드류와 롤프의 차를 그대로 지나쳤다. 앤드류와 롤프는 마르코프를 따라갔고, 그들은 한 쇼핑몰 앞에 차를 세웠다. 쇼핑몰 앞에는 짐을 내리고 싣는 사람들이 잔뜩 있었다. 다른 쇼핑 온 사람들처럼 앤드류와 롤프는 성경 상자를 자연스럽게 차에서 내리고, 마르코프는 그 상자들을 차에 실었다. 5분 정도 그렇게 상자를 내리고 실은 세 사람은 짧은 작별인사 후에 헤어졌다.

앤드류는 감사의 기도를 했다.

"주님, 다시 한번 주님께서 사람들의 눈을 가리셨습니다. 이 몇백 권의 성경책이 널리 퍼져 당신의 소중한 말씀을 더 먼 곳까지 전할 것입니다. 그러나 하나님, 제가 아직 해야 할 숙제가 더 남은 것만 같습니다. 제게 길을 보여 주세요. 제가 가겠습니다. 제가 여기 있으니, 저를 보내 주세요."

18. 중국으로 보낸 사랑

모스크바에서 버스를 타며 생긴 일이었다. 1964년 당시 러시아에는 중국인 난민들이 많이 살고 있었다. 버스 옆자리에 잘 차려입은 중국인 남자가 앉아 있는 것은 그다지 이상한 일이 아니었다. 그런데 앤드류의 눈에 띄는 것이 하나 있었다. 버스 안 자신의 옆자리에 앉은 중국인 남자의 옷깃에 작은 금색 십자가 배지가 달려 있는 것이었다. 앤드류는 남자에게 그 십자가 배지가 무엇인지 물었다.

"저는 중국 상하이에 있는 YMCA에서 일하고 있습니다."

남자는 유창한 영어로 자신을 소개했다.

"YMCA가 중국에서 아직 활동을 하고 있습니까?"

"그럼요. 한번 직접 와서 눈으로 확인해 보시죠."

남자는 앤드류에게 명함을 하나 건넸다. 앤드류는 하나님께서 자신을 위해 예비하신 무언가가 있음을 직감했다. 하지만 한편으로는 겁이 났다. 그렇게 먼 곳까지 가 볼 생각을 한 적이 단 한 번도 없었다. 앤드류와 너무나도 생김새가 다른 사람들이 가득한 그곳에서는 어디에서 무엇을 하던 눈에 띌 수밖에 없을 것이다.

그렇게 몇 달이 지나고, 앤드류는 자신을 중국에 보내고자 하시는 하나님의 계획을 더 이상 모른 척할 수 없었다. 1965년, 마침 미국 캘리포니아에서 설교할 기회가 생겼다. 그는 이번 여행 중 대만, 홍콩 그리고 중국까지 가 보기로 마음을 먹었다.

홍콩에 도착했을 때, 앤드류는 자신이 너무 열정적이었던 나머지 중국에 대해 충분히 조사하고 철저한 계획을 세우지 못했다는 것을 깨달았다. 앤드류는 자신이 당연히 중국에 갈 비자를 받을 수 있을 것이라고 생각했다. 하지만 이를 들은 현지 선교사들은 전부 웃었다.

"중국은 요새 누구에게도 비자를 잘 주지 않습니다. 특히 최근에 미국을 방문한 사람들은 더욱이요."

앤드류는 사람들의 부정적인 이야기에 더 이상 귀 기울이지 않았다. 대신 중국 여행 비자를 승인해 주는 중국관광청을 찾아갔다. 앤드류는 길게 늘어선 줄에서 기다리며 기도를 했다.

"다음 분이요."

중국인 비자 담당자가 앤드류의 차례가 되자 불렀다.

"최근에 대만이나 미국에 다녀오신 일이 있습니까?"

"네, 사실 대만에서 오는 길입니다. 그전에는 미국 캘리포니아를 들렀습니다."

앤드류는 사실대로 이야기했다. 그러자 담당자는 앤드류의 여권을 열어 보지도 않고 돌려줬다.

"그럼 비자를 신청하는 건 헛수고입니다. 그들은 중국의 적입니다. 그곳을 방문한 선생님의 비자는 당연히 승인받을 수 없을 겁니다."

"제발요. 신청할 수 있게만이라도 도와주세요. 시도라도 해봐야죠. 선생님의 말씀대로 되더라도 말이에요."

앤드류의 간절한 요청에도 담당자는 고개를 세차게 흔들며 앤드류에게 비자 서류를 건네줬다. 그리고 큰 소리로 다음 차례를 기다리는 사람을 불렀다.

"다음 분이요!"

앤드류는 포기하지 않고 다시 신청 서류를 다른 직원에게 가서 제출했다. 이번 담당 직원은 거절하지는 않았지만, 3일 후에 답변을 받을 것이라고 했다. 그 3일 동안 앤드류는 하나님께 비자를 승인받게 되는 기적을 보여 달라고 기도했다. 그리고 중국에서 무엇을 해야 할지 알게 해 달라고 기도했다.

3일째 되던 날, 앤드류는 호텔에서 메모 하나를 전달받았다. 중국관광청에서 비자 관련으로 전화해 달라는 내용이었다. 앤드류는 전화 대신 관광청 사무실로 곧장 찾아갔다. 그의 얼굴에는 미소가 걸려 있었다. 하나님께서 뭔가 엄청난 일을 하고 계신다는 느낌을 받았기 때문이다. 그리고 1시간 뒤, 앤드류의 손에는 중국 비자와 여행 승인 서류가 들려 있었다.

****

다음 날 아침, 앤드류는 중국으로 향하는 기차에 몸을 실었다. 그곳에서 무엇을 해야 할지 아직 정확히 알 수 없었지만, 하나님께서 함께하신다는 것만큼은 확신할 수 있었다. 앤드류는 짐 대부분을 홍콩에 두고 왔다. 대신 가방에는 근처 기독교 서점에서 구입한 중국어 성경책과 전도지가 가득 들어 있었다.

중국 국경 근방의 한 작은 마을에서 기차가 멈췄다. 기찻길이 따로 연결되지 않아 중국으로 들어가려면 국경을 걸어서 통과해야만 했다. 중국 안까지 안내를 맡은 사람이 사람들을 두 줄로 서게 한 다음 다리를 건너게 했다. 앤드류는 철길의 페인트 색깔이 살짝 달라진 것을 알아챘다. 드디어 중국으로의 첫걸음을 내디딘 것이다.

다리 반대편 쪽에는 큰 공장 건물같이 생긴 국경 초소가 있었다. 중국 도시들의 모습은 홍콩보다 더 잿빛이었다. 건물과 길은 온통 회색빛이었으며, 사람들이 입은 옷도 온통 회색이었다. 눈에 띄는 다른 색이라고는 길거리 옆에 핀 붉은 제라늄 꽃뿐이었다.

검문소가 있는 건물로 들어서자, 한 소녀가 앤드류에게 이쪽으로 오라는 손짓을 했다. 앤드류는 그의 가방을 들고 소녀가 손짓하는 방향으로 갔다. 가방 안 공간이 충분하지 않아 성경책과 전도지를 제대로 숨길 수가 없었다. 만일 가방을 열어 보라고 한다면, 앤드류에게는 별다른 도리가 없었다.

"가방을 열어 주세요."

검색대의 소녀가 미소를 지으며 영어로 이야기했다.

앤드류는 침을 꿀꺽 삼키고서 가방을 조심스레 열었다. 소녀는 잠시 가방 안 물건들을 자세히 들여다보더니 앤드류를 올려다봤다.

"소지품 중에 시계나 카메라가 있나요?"

앤드류는 고개를 저었다. 소녀는 앤드류 가방의 지퍼를 닫고 앤드류에게 건네줬다.

"중국에 오신 걸 환영합니다."

그 말과 함께 소녀는 앤드류 뒤로 줄 서 있던 다음 사람을 불렀다. 그렇게 걸어 나오며 앤드류는 문득 깨달은 것이 있었다. 소녀는 성경에 대해 알지 못했기에 앤드류 가방 속 성경책들에 대해 아무것도 묻지 않았던 것이다. 그 해맑은 얼굴의 소녀는 성경책을 한 번도 본 적이 없던 것이다.

앤드류는 중국 문화를 최대한 많이 배우려고 노력하며 여행을 이어갔다. 그가 방문했었던 동유럽 국가들과 달리 도시는 깨끗했고 사람들의 시민의식도 높았다. 하지만 그 안에 신의 존재는 없었다. 엄밀히 말하자면, 그들에게 신은 정부였다.

앤드류는 상하이에 도착하자마자 YMCA 사무실로 찾아가 모스크바에서 만난 남자에 대해 물었다. 안내데스크의 직원은 미소를 지으며 앤드류를 쳐다봤다.

"죄송합니다만, 그런 사람은 여기 없어요."

"있을 겁니다. 제가 분명히 만난 걸요."

앤드류의 주장에 안내 직원은 사무실 안으로 들어갔다 잠시 후 나왔다.

“죄송합니다. 아무도 그런 사람을 모른다고 하네요.”

“이곳에서 몇 년 동안이나 일했다고 했어요. 분명히 누군가는 그 사람을 알 거 아닙니까?”

앤드류는 받아 둔 명함을 꺼내 보이며 다시 한번 간곡하게 부탁했다. 안내 직원은 다시 사무실 안으로 사라졌다. 이번에는 다시 나오기까지 조금 더 오래 걸렸다. 다시 나온 안내 직원의 얼굴에서 친절한 미소가 사라져 있었다. 목소리도 낮추고, 앤드류의 눈을 쳐다보지 않은 채로 말했다.

“죄송합니다. 그분은 여기를 떠나셨어요. 그리고 아무도 언제 돌아올지 모른다고 하네요.”

앤드류는 나중에야 중국 내에서 하나님을 믿는 사람들이 다른 곳으로 떠났다가 영영 돌아오지 않는 것이 흔한 일임을 알 수 있었다. 사람들은 정부의 말이라면 무조건 복종하고 있었지만, 사라진 그들의 이웃들은 모른 척하고 있었다.

앤드류는 중국 이곳저곳을 돌아다니며 성경책을 나눠 주려고 애썼다. 그러나 아무도 성경책을 받아가려 하지 않았다. 정부가 무서웠던 것이 아니었다. 그저 하나님의 말씀에 전혀 관심이 없었던 것이다. 앤드류는 절망감에 빠진 채로 성경책과 전도지를 호텔에 두고 나왔다. 그러나 호텔에서는 끝끝내 앤드류를 찾아서 두고 온 책자들을 돌려줬다.

****

앤드류가 베이징에 도착한 날은 주일 아침이었다. 앤드류는 여행 가이드에게 교회에 데려다 달라고 부탁했다.

"여기에는 교회가 그리 많지 않아요. 특히 개신교의 경우는 더욱이 없어요. 하지만 혹시나 있는지 찾아보겠습니다."

그렇게 말한 가이드는 얼마 뒤에 교회를 하나 찾아줬다. 앤드류는 막 예배가 시작할 때 교회 건물 안으로 들어섰다. 예배는 구식인데다 찬송가도 제대로 불려지지 않아 예배의 기쁨이라고는 찾아볼 수 없었다. 나이가 지긋하고 하얗게 수염이 난 목사님이 짧게 설교를 했고, 젊은 세대는 거의 없이 나이 든 성도들 대다수가 졸고 있었다. 이 모습은 중국 어디를 가도 마찬가지였다. 정부가 젊은이들의 마음을 사로잡고, 종교는 옛 세대와 함께 사라져야 한다고 가르치고 있었다.

"아시다시피 종교는 나약한 사람들이나 믿는 거죠. 이 중국 땅에서 우리는 나약하지 않습니다."

1만 명의 당원들을 이끄는 한 공산당 지도자는 앤드류에게 자랑스럽다는 듯 말했다. 네덜란드 집으로 향하는 앤드류의 마음은 중국 사람들에 대한 안타까움으로 가득했다. 중국에서의 선교는 동유럽과는 다른 방법으로 할 필요가 있다고 생각했다. 앤드류는 하나님께서 하나님의 때에 그 방법을 알려 주실 것이라고 믿었다. 그리고 그날이 오기 전까지 그의 도움을 필요로 하는 다른 나라들에 더 집중하며 기다리기로 했다.

19. 변화하는 선교의 길

1960년대 중반에 접어들며 공산주의는 점차 무너지고 세상이 변하기 시작했다. 하지만 앤드류가 해야 할 일은 더욱 많아졌다. 새로운 나라를 방문해 경험을 쌓아야 했고, 이전에 다녀왔던 나라들도 다시 방문해야 했다. 그만큼 성경책을 몰래 전달해야 할 곳도 늘었다. 용기를 북돋워 줘야 할 사람도 많아졌다. 뚫고 넘어야 할 국경 초소도 많았다. 앤드류, 한스, 롤프 세 사람이 그 모든 일을 감당하기에는 역부족이었다.

1965년, 그들은 마르쿠스를 새로운 멤버로 들였다. 그리고 같은 해, 앤드류와 한스는 쿠바를 방문했다. 쿠바는 아메리카 대륙에서 유일한 공산주의 국가였다. 그들은 따뜻한 햇볕이 드리우는 해변가 마을들과 사람들로 북적대는 도시 하바나Havana까지 방문했다. 쿠바 사람들은 이들을 반갑게 맞아줬지만, 경찰들은 그들의 방문이 달갑지 않았다. 해야 하는 일에 비해 머무를 수 있는 시간은 턱없이 부족했다. 두 사람은 각자 떨어져 여행하기로 했다. 앤드류는 하바나 근교 지역을 다니고, 한스는 쿠바 동부 쪽 지역을 가 보기로 했다. 그렇게 몇 주를 보내며, 앤드류와 한스는 하나님께서 쿠바 땅에서 일으키시는 변화를 볼 수 있었다.

1965년 후반에 들어서는 롤프와 마르쿠스가 알바니아Albania를 찾았다. 알바니아는 그때까지도 유일하게 남아 있는 '문을 걸어 잠근' 공산 국가였다. 그들은 프랑스 단체 관광 무리에 섞여 알바니아를 방문했다. 알바니아는 세 가지 다른 지역 사투리를 쓰고 있었는데, 배우기가 굉장히 어려웠다. 물론 성경책이나 전도지를 반입하는 것도 금지돼 있었다. 어려운 상황에서도 두 사람은 알바니아로 성경책과 전도지를 가져갔다. 하지만 정작 그것들을 원하는 사람은 아무도 없었다. 사람들은 친절했지만 어딘가 모르게 공허해 보였다. 롤프와 마르쿠스는 자신들이 알바니아라는 나라의 껍데기만 봤다는 생각에 실망했고, 다시 방문할 날을 위해 열심히 기도했다.

앤드류와 그의 선교팀에게는 계속 새로운 기회와 가능성이 허락됐다. 뜻을 함께하는 사람들이 점차 늘어, 1967년에는 12명 가까이 모였다. 그들은 모든 동유럽 국가를 최소 1년에 한 번 방문하는 것을 목표로 세웠다. 그리고 몇몇 나라들은 1년에 여러 번 방문할 기회가 주어지기도 했다. 앤드류와 선교팀원들은 쿠바를 다시 찾기도 했고, 북한과 베트남까지도 방문했다. 앤드류의 선교팀에는 열정 가득한 사람들이 넘쳐나서, 하나님의 말씀이 그 모든 방해를 넘어 지구 곳곳에 전해질 수 있었다.

공산 국가들의 정책이 바뀌면서, 앤드류의 선교도 필요에 따라 방법을 달리하게 됐다. 유고슬라비아에서는 성경책을 반입하는 자유가 허락됐다. 헝가리에서도 기독교인들의 활동 금지와 관련된 법을 없앴다. 중국에서는 다른 공산 국가들을 보며 기독교가 공산 국가의 이념에 해로운 영향을 끼친다고 생각해 성경책을 불태웠다. 이렇게 각기 다른 상황을 마주하는 앤드류와 팀원들은 새로운 선교 방법들을 계속 고민했다.

1970-1980년대에 들어 서방 국가 사람들의 방문이 늘어나면서, 공산주의도 점점 사람들을 옭아매던 끈을 느슨하게 풀어 줬다. 대부분의 나라에서는 방문객이 개인 소지품으로 성경책을 한두 권 갖고 오는 것을 허락했다. 이 같은 새로운 변화는 앤드류의 마음에 또 다른 꿈을 꾸게 했다.

어느 날, 앤드류는 한스에게 그 꿈을 털어놓았다.

"그냥 생각이 났는데요, 동유럽으로 여행 가는 사람들이 매년 몇천 명이 된다고 생각해 봅시다. 그리고 그 몇천 명의 사람들이 모두 하나님을 믿는 사람들이라면요."

"분명 훨씬 많을 겁니다."

한스가 대답했다.

"맞아요, 한스. 그런데 그 사람들이 성경책을 한 권씩만 들고 간다고 생각해봐요. 그리고 그냥 거기에 두고 나온다면 어떨까요? 그렇게 되면 동유럽 국가에 성경책이 몇 권이나 갈 수 있을지 상상해 봐요! 우리끼리 차에 실어 옮기는 것과는 비교도 되지 않죠!"

한스는 앤드류의 말을 이해했다. 앤드류의 꿈은 곧 서유럽과 미국의 교회들에 전달됐다. 여행을 하며 그저 성경책 하나를 두고 오는 것으로, 믿는 사람들이 자연스럽게 선교사가 될 수 있도록 장려했다. 수많은 여행객이 이 뜻에 동참했고, 동유럽에서는 그렇게 버려진 성경책들이 속속들이 나오기 시작했다.

이 작은 선교 활동들을 위한 노력과 함께, 앤드류는 '오픈도어선교회'Open Doors라는 선교 단체를 설립했다. 이로써 앤드류는 공산주의의 어둠 가운데 복음의 빛을 전하고자 하는 사람들을 모으고 지원하는 데 한발 더 나아갈 수 있게 됐다. 하지만 오픈도어선교회가 펼치는 선교 방법은 중국에서는 통하지 않았다. 하나님을 알지 못하는 중국 사람들의 모습은 앤드류의 마음을 무겁게 짓누르고 있었다.

****

앤드류는 1981년까지도 중국을 위한 기도에 응답을 받을 수 없었다. 1981년 초 오픈도어선교회는 작은 통통배 하나와 바지선(번역자 주: 너비가 넓고 평평한 바닥의 배로, 주로 화물을 운송하는 데 쓰인다) 하나를 구매했다. 동시에 성경 출판사 토마스 넬슨Thomas Nelson을 통해 100만 권의 중국어 신약 성경을 인쇄했다. 이 엄청난 선교를 위한 사역이 모두 준비됐고, 그들에게는 단 한 번의 기회만이 있었다. 모든 것이 완벽해야만 했다.

1981년 6월 18일, 진주 작전Pearl Project이 시작됐다. 달빛 하나 비추지 않는 밤, 중국 산토시(번역자 주: 중국 남부 광동 지역의 항구도시다)의 해변가로 1톤짜리 성경책 꾸러미 232개가 떠내려왔다. 바지선에서 떠내려온 성경책 꾸러미들은 물이 최대한 젖지 않도록 포장돼 있었다. 앤드류는 중국 내 비밀 교회들의 연락망을 통해 진주 작전을 미리 알려줬고, 수천 명의 중국 내 그리스도인들이 그 작은 어촌마을로 몰려들었다. 그들은 해변으로 떠내려오는 성경책 꾸러미들을 모래사장으로 끌어낸 후, 모래를 걷어내고 포장을 푼 후 재빨리 성경책을 챙겨 사라졌다. 약 2시간 후, 중국 공안들이 그 외딴 해변가로 왔을 때에 대부분의 성경책은 이미 해변에서 사라져 중국 전역의 교회와 가정들로 전달되고 있었다.

중국에서 그렇게 선교 사역을 하고 있을 때, 동유럽에서는 엄청난 변화가 일어났다. 1980년대 후반, 공산주의 체제는 완전히 무너지기 시작했고, 2000년대가 됐을 때 동유럽권의 공산주의는 이제 역사책에서나 볼 수 있게 됐다. 물론 아직까지도 쿠바, 중국, 북한은 공산주의 정부의 지배를 받고 있다. 철의 장막은 거둬졌지만, 앤드류는 아직 자신이 해야 할 일이 남아 있다는 생각이 들었다. 사람들에게 약속의 말을 전하고, 사역자들을 위한 여행을 하는 중에도, 앤드류는 많은 시간을 기도하는 데 힘썼다. 앤드류는 아직 자신을 향한 하나님의 큰 계획이 남아 있음을 확신하고 있었다.

20. 열린 문을 향한 걸음

폴란드에 처음 발을 디딘 날부터 앤드류는 약 60년간 선교를 계속해 왔다. 오픈도어선교회는 이제 수십 개 이상의 나라에 수백 명의 선교사들이 함께하는 다국적 단체가 됐다.

'한 사람의 행함이 여러 사람의 행함이 되고, 나아가 그리스도인을 위한 세상으로 변화시킨다.'

이렇듯 하나님의 말씀을 많은 사람의 손을 통해 지구 곳곳에 전하고자 한 앤드류의 비전은 현실이 됐다.

앤드류는 선교를 시작하던 그때의 모습처럼 하나님의 음성에 귀 기울이고자 노력했다. 이에 하나님은 매년 앤드류에게 새로운 방향과 열정을 주셨다. 그는 종종 오픈도어선교회 활동을 하고 있는 사람들에게 아무것도 하지 않는 사람이 아닌, 예수님을 지지하고 찬양하는 사람이 되자고 조언했다. 그게 우리를 다른 사람들과 다르게 만들기 때문이다.

러시아의 공산주의가 무너졌을 때, 오픈도어선교회는 1만 권의 신약 성경을 러시아에 가져가기로 계획했다. 그리고 앤드류는 그 1만 권째 성경책을 들고 직접 러시아 땅을 밟았다. 동유럽 어디에서든지 성경을 읽을 수 있기를 바라던 꿈이 이뤄진 것은 너무나도 감사하고 기쁜 일이었다. 앤드류는 공산주의가 남아 있는 중국, 북한, 쿠바와 같은 나라들에도 하나님의 말씀이 닿을 수 있기를 원했다.

성경책을 전달하는 것 이외에도, 오픈도어선교회는 복음을 전파하다 순교하신 분들의 가정을 지원하고 있다. 또한 아직 기독교가 박해를 받고 있는 국가 출신의 신학생들에게 장학금을 주고 있다. 선교사들에게 자동차를 지원해 그들의 사역지를 더 넓히는 데 도움을 주기도 한다. 그리고 작은 인쇄 기계들도 지급해서 각 선교사가 성경책과 전단지를 직접 만들 수 있도록 지원하고 있다.

앤드류는 중앙아시아나 중동 지역 그리고 북아프리카 등 이

슬람 문화권의 나라들도 여행하면서, 하나님에 대한 믿음때문에 박해를 받거나, 하나님에게서 돌아선 사람들을 만나고 격려하려고 애썼다.

앤드류는 그리스도인들이 자신을 필요로 하는 곳에 있는 것만으로도 큰 복음의 기회가 될 수 있다고 믿었다. 또한 어느 직업이든 사회 곳곳에 그리스도인이 필요하다고 강조했다. 그리고 그의 이야기를 듣는 사람들에게 늘 이렇게 말했다.

“믿는 사람들이 어디에 있든지, 그곳에 예수님께서 함께하십니다.”

복음을 전하는 일로 감옥에 붙잡혀 가거나 죽지는 않을까 걱정하고 두려워하는 사람들에게 앤드류는 그가 겪어온 이야기들을 나눴다. 그가 이미 걸어 온 길이기에 그 두려운 마음을 누구보다 잘 알고 있었다.

그가 겪어 온 수많은 경험을 바탕으로 앤드류는 이렇게 이야기했다.

“바깥의 세상은 우리에게 위협이 아닙니다. 그건 도전이죠.

절대 우리에게 위협이 될 수 없습니다."

앤드류는 하나님을 온전히 믿었다. 보는 사람들의 눈을 가리신 하나님, 불가능한 것을 가능하게 하신 하나님, 잠겨진 문을 열어 주신 하나님. 앤드류는 하나님께서 하신 모든 일을 마음속 깊이 새겼기에, 예수님의 말씀을 선포하며 사람들을 격려했다.

"예수께서 나아와 말씀하여 이르시되 하늘과 땅의 모든 권세를 내게 주셨으니 그러므로 너희는 가서 모든 민족을 제자로 삼아 아버지와 아들과 성령의 이름으로 세례를 베풀고 내가 너희에게 분부한 모든 것을 가르쳐 지키게 하라 볼지어다 내가 세상 끝날까지 너희와 항상 함께 있으리라 하시니라"마태복음 28:18-20.

앤드류는 하나님께서 늘 이 말씀과 함께 앤드류가 가야 하는 길의 문을 열어 주셨다고 믿었다. 앤드류는 평생 하나님과 함께한다는 강한 믿음으로 그 문을 향해 걸어가는 삶을 살았다.

1 악동 앤드류

마태복음 7:20을 보면, 예수님은 "이러므로 그들의 열매로 그들을 알리라"고 말씀하세요. '열매'로 그들을 알 수 있다는 말씀은 어떤 의미인가요? 어린 시절의 '열매'로 알 수 있는 앤드류는 어떤 사람이라고 할 수 있나요? '열매'를 통해서 알 수 있는 여러분은 어떤 사람인가요?

2 죽음과 전쟁

1939년에서 1940년까지 앤드류에게는 슬프고 힘든 일들이 끊임없이 생겼어요. 이사야 43:1-2을 읽어 보고, 하나님의 사랑과 늘 함께하시는 하나님에 대해 생각해 보세요. 하나님은 힘든 시절의 앤드류에게 어떤 모습이셨나요? 여러분이 어려운 상황에 처했을 때 하나님은 어떤 모습이셨나요?

③ 군대에서 보낸 시간

자신의 잘못된 선택과 행동들을 용서받을 수 없을 것 같다는 생각을 해 본 적이 있나요? 앤드류는 군대에서 복무하는 동안 몇 가지 잘못된 선택을 했어요. 그리고 자신은 영영 용서받지 못할 것이라고 생각했어요. 요한일서 1:9은 "만일 우리가 우리 죄를 자백하면 그는 미쁘시고 의로우사 우리 죄를 사하시며 우리를 모든 불의에서 깨끗하게 하실 것이요"라고 말씀하세요. 하나님 앞에 용서받지 못할 큰 죄가 있다고 생각하나요?

④ 귀환 그리고 마음의 변화

재활치료 병원에서 앤드류는 드디어 성경을 읽기 시작했어요. 하나님의 말씀은 앤드류에게 희망을 심어 줬어요. 시편 119:105을 읽고, 성경이 어떻게 하나님을 알 수 있도록 도와 주는지 생각해 보세요. 그리고 하나님의 말씀이 어떻게 우리 인생에 희망과 빛을 주는지 생각해 보세요.

⑤ 하나님의 부르심

마태복음 5:16을 보면, "이같이 너희 빛이 사람 앞에 비치게 하여 그들로 너희 착한 행실을 보고 하늘에 계신 너희 아버지께 영광을 돌리게 하라"고 말씀하세요. 앤드류가 링거 초콜릿 공장에서 처음 일을 시작했을 때, 그는 믿음이 없는 동료들로 인해 영적인 어둠에 둘러싸여 있었어요. 때문에 공장을 자신의 선교지로 삼아야겠다고 생각했어요. 여러분이 가족들과 친구들에게 예수님의 빛과 같은 존재가 되려면 어떻게 해야 할까요?

⑥ 하나님께 드린 삶

WEC 선교회의 선교 정책은 선교사들을 어떤 물질적인 지원 없이 파송 하는 것이었어요. 앤드류의 친구 키즈는 이 뜻이 성경에서 비롯된 가르침이며, 마태복음 10장을 통해 알 수 있다고 이야기했어요. 마태복음 10장을 읽어 보고 키즈가 가리키는 구절이 무엇인지 찾아보세요. 여러분은 이 같은 선교단의 사역 방법과 그 철학에 대해 어떻게 생각하나요?

⑦ 공산 국가의 신음 소리

앤드류는 WEC에 있는 동안 자신이 필요한 모든 것에 대해 하나님을 신뢰하는 방법을 배웠어요. 빌립보서 4:19을 찾아 읽어보세요. 이 구절에서 사도 바울은 우리에게 필요하고 쓸 것들에 대해 어떻게 이야기하나요? 하나님은 앤드류가 WEC에 있는 동안 그에게 필요한 것들을 어떻게 채워 주셨나요? 하나님은 여러분의 삶에서 필요한 것들을 어떻게 채워 주실까요?

⑧ 하나님의 위대한 선물

폴란드에서의 여정이 끝나갈 무렵, 하나님은 앤드류에게 요한계시록 3:2을 통해 그가 펼쳐 나갈 하나님의 일에 동기를 부여해 주셨어요. 그 말씀을 읽어보세요. 이 구절에서 "남은 바 죽게 된 것을 굳건하게 하라"는 말씀은 어떤 의미인가요? 이 말씀은 앤드류의 선교에 어떤 식으로 적용될 수 있을까요? 우리의 삶에는 어떻게 적용할 수 있을까요?

⑨ 계속 이어진 기적

유고슬라비아 국경에서 앤드류는 하나님께 보는 눈들을 가려 주시기를 기도했어요. 이 기도는 어떤 의미인가요? 하나님께서 아직도 기적을 행하신다고 생각하나요? 여러분의 삶에서 크건 작건 기적을 경험한 적이 있나요? 하나님께서 여러분을 위해 무엇을 해 주신다고 생각하나요?

⑩ 미래의 문턱 앞에 선 자

마태복음 16:24에서 예수님은 "누구든지 나를 따라오려거든 자기를 부인하고 자기 십자가를 지고 나를 따를 것이니라"고 말씀하세요. 여기에서 '자기 십자가를 지라는 것'은 어떤 의미인가요? 앤드류, B교수, 야노스 등의 사람들을 통해 우리는 이 말씀을 어떻게 생각할 수 있나요? 예수님을 온전히 따르기 위해 우리는 무엇을 할 수 있나요?

⑪ 새로운 동반자

앤드류와 코리는 하나님께서 그들을 어느 곳으로 인도하시든지 그곳을 그들의 선교지로 삼았어요. 그들이 가는 곳마다 그곳의 사람들과 예수님에 대해 나눌 수 있는 기회를 늘 만나게 됐어요. 여러분은 선교자가 되어 주변 사람들에게 하나님의 말씀을 전할 수 있나요? 하나님께서 이끌어 주신 지금의 자리에서 어떻게 주변 사람들과 예수님에 대해 나눌 수 있을까요?

⑫ 끝까지 가야 하는 길

잠언 3:5-6을 읽어 보세요. 하나님께서 "네 길을 지도하시리라"고 하신 말씀 속에는 어떤 뜻이 담겨 있나요? 하나님은 앤드류가 불가리아와 루마니아에 갈 때 대단히 먼 길을 돌아가게끔 하셨고, 이에 앤드류는 낙심했어요. 그러나 하나님은 앤드류에게 그 속에서 가르침을 주셨어요. 하나님께 길을 '지도'받고 있나요? 하나님께 모든 삶을 맡기고 더 신뢰하기 위해서는 어떻게 해야 하나요?

⑬ 불가리아에서의 새로운 시작

불가리아의 그리스도인들은 여러 가지 위협에도 불구하고 신실한 믿음을 지켜 내고 있었어요. 디모데후서 4:7을 보면, 사도 바울은 "나는 선한 싸움을 싸우고 나의 달려갈 길을 마치고 믿음을 지켰으니"라고 말했어요. 불가리아의 그리스도인들의 삶을 이 구절에 빗대어 생각해 보세요. 삶 속에서 '선한 싸움'을 싸우고 깊은 믿음을 지키기 위해서는 어떻게 해야 하나요?

⑭ 자유를 잃은 루마니아

앤드류가 루마니아에서 게오르그와 이온을 만났을 때, 그들은 '하나님의 언어'로 대화를 나눴어요. 이것은 무엇을 의미하나요? 서로 말도 통하지 않던 그들은 어떻게 대화를 나눌 수 있었나요? 세 사람의 만남과 그 전주에 이뤄진 어느 교회의 직원과의 만남을 비교하며 생각해 보세요. 이렇듯 자신의 일에 대해 전혀 다른 태도의 사람들을 만나 본 적이 있나요?

⑮ 더 큰 축복과 더 넓은 길

고린도전서 4:2을 읽어 보세요. '충성스러운 청지기(맡은 자)'가 된다는 것은 어떤 의미인가요? 우리의 삶 가운데 '충성스러운 청지기(맡은 자)'가 되기 위해서는 어떻게 해야 하나요?

⑯ 러시아의 현실

공산주의의 심장과도 같은 러시아의 붉은 광장 바로 옆길에서 성경책을 옮겨 실을 때, 수많은 사람이 그들을 충분히 볼 수도 있었어요. 여러분이 생각하기에 이 일은 너무 위험한 일이었나요? 하나님은 우리가 위험한 일을 하기를 원하시는 걸까요, 아니면 보다 안전한 길을 택하기를 원하시는 걸까요?

⑰ 포켓성경이 가진 희망

우크라이나에서 앤드류는 하나님께서 자신의 손에 포켓성경을 들려주신 이유를 알았다고 생각했어요. 그러나 하나님은 앤드류의 생각과 다른 계획을 보여 주셨어요. 이사야 55:8-9을 읽어 보세요. 앤드류는 하나님의 계획에 대해 어떻게 마음을 열었나요? 하나님께서 여러분이 생각한 것과 다른 길과 계획을 보여 주신 적이 있나요? 하나님의 뜻에 따라 하나님의 계획에 여러분의 계획을 맞춰 가는 것은 쉬운 일이었나요, 아니면 어려운 일이었나요? 그렇게 생각한 이유는 무엇인가요?

⑱ 중국으로 보낸 사랑

이사야 55:11에서 하나님은 "내 입에서 나가는 말도 이와 같이 헛되이 내게로 되돌아오지 아니하고 나의 기뻐하는 뜻을 이루며 내가 보낸 일에 형통함이니라"고 말씀하세요. 이 구절은 하나님의 말씀이 어디를 향하든지 영향력을 행사한다는 하나님의 약속이에요. 이 말씀은 앤드류의 중국 여행에 어떻게 빗대어 볼 수 있나요? 앤드류의 중국 여행은 누구도 들어 주는 이 하나 없는, 아무런 성과가 없는 여행이었나요? 이 말씀을 여러분의 삶 속에서 어떻게 적용할 수 있나요?

⑲ 변화하는 선교의 길

세상이 변해가면서, 오픈도어선교회도 하나님의 큰일을 이루기 위해 세상의 변화에 발맞춤을 했어요. 마가복음 10:27은 '하나님으로서는 다 하실 수 있다'는 것을 다시 한 번 일깨워 줘요. 오픈도어선교회가 이룬 사역 중 도저히 불가능해 보이는 것을 가능하게 한 일에는 어떤 것들이 있나요? 여러분은 삶 가운데 불가능한 일을 하나님께서 어떻게 해 주시기를 바라나요?

⑳ 열린 문을 향한 걸음

앤드류의 선교는 그 바탕을 마태복음 28:18-20에 두고 있어요. 이 구절에서 예수님은 그를 따르는 사람들에게 어떤 길을 가르쳐 주시나요? 오픈도어선교회는 이 가르침과 명령을 어떻게 따르고 있나요? 이 성경 말씀을 지키고 따르는 삶을 살기 위해 우리는 어떤 노력을 할 수 있을까요?

브라더 앤드류 연대표

1928	5월 11일, 네덜란드 위테에서 출생함
1939	앤드류의 형 바스가 결핵으로 사망함
	제2차 세계 대전이 시작됨
1940	독일이 네덜란드를 침략하고 위테를 점령함
1945	제2차 세계 대전이 끝남
1946	네덜란드 군대에 입대함
1948	인도네시아에 주둔해 있는 동안 어머니가 돌아가심
1949	군대에서 총상을 입고 네덜란드로 돌아옴
1950	링거 초콜릿 공장에 취직함
1953	선교사로 훈련받기 위해 영국 런던의 WEC로 향함
1955	WEC를 졸업함
	폴란드, 체코슬로바키아, 유고슬라비아, 헝가리로 여행하며

	성경책을 밀반입 시킴
	서독과 오스트리아의 난민수용소에서 사역함
1958	코리 반 담과 결혼함
1959	불가리아와 루마니아를 방문함
1960	공산 국가인 러시아의 첫 번째 단체 여행객이 됨
1964	첫 러시아어 포켓성경이 완성됨
1965	중국과 쿠바를 여행함
1967	『하나님의 밀수꾼』God's Smuggler이 출간됨
1979	'오픈도어선교회'를 설립함
1981	중국 남부 지역 해변가를 통해 100만 권의 성경책을 배달함
1989	러시아로 배달되는 1만 번째 성경책을 직접 갖고 감
1995	'한국오픈도어선교회'를 설립함
1997	세계복음주의협회로부터 '종교자유상'을 수상함
2008	2008 베이징 올림픽 기간 중 중국인 그리스도인들을 지원함
2022	9월 27일, 94살의 나이로 사망함

저자의 노트

처음 브라더 앤드류에 대해 들은 것은 8살 때였다. 그의 용기와 실행력에 감동을 받았고, 그의 모험에 매료됐다. 그리고 그의 믿음과 신념 또한 내게 많은 도전을 줬다. 늘 두려움이 따르는 인생이었지만, 앤드류는 믿음으로 그 모든 두려움을 이겨 냈다. 그리고 하나님께서 앤드류를 통해 불가능을 가능하게 하는 승리의 삶을 보여 주실 수 있도록 했다.

이 책을 쓰면서도 브라더 앤드류의 선한 영향력에 많은 감동을 받게 됐다. 그의 전기를 읽고, 오픈도어선교회를 조사하고, 지난 몇십 년간 브라더 앤드류가 강연한 영상 자료를 찾아봤다. 그 모든 자료에서 가장 인상 깊었던 것은 바로 열정이었다. 앤드류는 예수님을 알리는 일에 누구보다 깊은 열정이 있었다.

브라더 앤드류의 열정은 우리에게 세 가지 가르침을 주고 있다. 첫째, 가족들과 친구들 그리고 이웃들과 하나님에 대해 이야기를 나누는 것을 정직하게 그리고 열정적으로 해야 한다는 것이다. 둘째, 어떤 상황에서도 하나님을 위해 일하는 새로운 방법을 찾도록 노력해야 한다는 것이다. 셋째, 하나님과 하나님의 말씀을 더욱 배워야 한다는 것이다.

브라더 앤드류의 여정은 그저 매일매일 한 걸음씩 하나님의 말씀을 따르기로 결정한 평범한 한 사람의 이야기이다. 마태복음 28:20 말씀처럼, 하나님은 늘 우리와 함께하겠다고 약속하셨다. 바로 브라더 앤드류의 삶에서 늘 함께하신 것처럼 말이다. 하나님은 그분과 함께 신실하게 걸어가고자 하는 사람에게 이렇게 말씀하실 것이다.

"볼지어다 내가 세상 끝날까지 너희와 항상 함께 있으리라"

마태복음 28:20

위대한 복음의 밀수꾼

브라더 앤드류

지은이 | 낸시 드러먼드
옮긴이 | 황민솔
그린이 | 조시내

초판 1쇄 | 2023년 1월 5일

발행인 | 김경섭
국제총무 | 최복순
총무 | 김현욱
협동총무 | 김상현
편집부 | 고유영(편집실장), 김성경(디자인), 김지혜
사역부 | 윤귀순(재무실장), 홍윤정(세미나팀장)
인쇄 | 영진문원

발행처 | 묵상하는사람들
등록번호 | 20-333
일부총판 | 생명의말씀사 Tel. (02) 3159-7979 Fax. 080-022-8585

주소 | 서울특별시 서초구 청룡마을길 8-1(신원동) (우) 06802
전화 | (02) 588-2218 팩스 | (02) 588-2268
홈페이지 | www.precept.or.kr
국민은행 772-21-0310-382(김경섭)

값 9,800원
ISBN 978-89-8475-829-2 74230
978-89-8475-645-8 74230(세트)

독자 여러분의 의견을 기다립니다.
독자 전화 (02) 588-2218 / pmbook77@naver.com